宏观经济学

2025年修订

习题册

西方经济学教研室　主编

编写成员　周　宁　黄雪琴　陈　杰
　　　　　吕文慧　郑章鑫　曾　艳
　　　　　常　雪　苏华山　叶丽芳
　　　　　刘　余　吴　昊　华中昱
　　　　　陈博欧　仲崇阳　孟　浩

南京大学出版社

图书在版编目(CIP)数据

宏观经济学习题册 / 西方经济学教研室主编. —南京 : 南京大学出版社，2021.1(2025.8 重印)

ISBN 978－7－305－24215－1

Ⅰ. ①宏… Ⅱ. ①西… Ⅲ. ①宏观经济学－习题集 Ⅳ. ①F015－44

中国版本图书馆 CIP 数据核字(2021)第 023483 号

出版发行　南京大学出版社

社　　址　南京市汉口路 22 号　　　　邮　　编　210093

书　　名　**宏观经济学习题册**
　　　　　HONGGUAN JINGJIXUE XITICE

主　　编　西方经济学教研室

责任编辑　王日俊

照　　排　南京开卷文化传媒有限公司

印　　刷　南京新洲印刷有限公司

开　　本　718 mm×1000 mm　1/16　印张 9.75　字数 180 千

版　　次　2021 年 1 月第 1 版　2025 年 8 月第 4 次印刷

ISBN 978－7－305－24215－1

定　　价　28.00 元

网　　址:http://www.njupco.com

官方微博:http://weibo.com/njupco

微信服务号:njuyuexue

销售咨询热线:(025)83594756

目　录

第九章　宏观经济的基本指标及其衡量

一、单选题

1. 国内生产总值表示一定时期内的某一国家或地区领土范围内（　　）的市场价值总和。

　　A. 所有经济交易

　　B. 所有市场交换的最终商品和劳务

　　C. 所有商品与劳务

　　D. 生产的所有最终商品和劳务

2. 在国民收入核算账户中，下列各项中除了（　　）项外均计入投资需求。

　　A. 厂商购买新的厂房和设备的支出

　　B. 居民购买新住房的支出

　　C. 厂商产品存货的增加

　　D. 居民购买股票的支出

3. 在国民收入核算体系里，政府支出是指（　　）。

　　A. 政府购买物品的支出

　　B. 政府购买物品和劳务的支出加上政府转移支付之和

　　C. 政府购买物品和劳务的支出，不包括政府转移支付

　　D. 政府购买物品和劳务的支出加上政府转移支付以及公债利息等之和

4. 下列能计入 GDP 的有（　　）。

　　A. 家庭主妇的家务劳务折合成的收入

　　B. 出售股票的收入

　　C. 拍卖毕加索作品的收入

　　D. 为他人提供服务所得收入

5. 在四部门经济中,如果用支出法衡量,国内生产总值等于(　　)。

　　A. $C+I+G+X$　　　　　　　　B. $C+I+G+X-M$

　　C. $C+I+G+M$　　　　　　　　D. $C+I+G+M-X$

6. 按最终使用者类型,将最终产品和劳务的市场价值加总起来计算 GDP 的方法是(　　)。

　　A. 支出法　　　　B. 收入法　　　　C. 生产法　　　　D. 增加价值法

7. 假如某人不出租他的房子而是自己使用,这部分房租(　　)。

　　A. 不算入国内生产总值,因为出租房子不属于生产行为

　　B. 算入国内生产总值,按出租可以得到的租金计算

　　C. 不算入国内生产总值,因为房子由房主本人居住

　　D. 不算入国内生产总值,因为没有经过市场活动

8. 下列何种行为属于经济学意义上的投资?(　　)

　　A. 购买公司债券　　　　　　　　B. 购买公司股票

　　C. 购买国债　　　　　　　　　　D. 上述都不是

9. 根据国民收入核算的法则,家庭用于教育的支出(　　)。

　　A. 属于消费支出　　　　　　　　B. 属于政府支出

　　C. 属于投资支出　　　　　　　　D. 不计入国内生产总值

10. 一国的国民生产总值小于国内生产总值,说明该国公民从外国取得的收入(　　)外国公民从该国取得的收入。

　　A. 大于　　　　　　　　　　　　B. 小于

　　C. 等于　　　　　　　　　　　　D. 可能大于也可能小于

11. 总产值核算物质生产部门(如工业、农业、建筑业等)的全部产出,包含中间产品价值,那么这种衡量方法(　　)。

　　A. 因核算物质生产部门的全部产出,所以适合衡量一国实际产出

　　B. 因重复记账导致过高衡量,所以不适合衡量一国实际产出

　　C. 由于重复记账及未统计服务业等非物质生产部门的产出,所以不适合衡量一国实际产出

　　D. 与 GDP 一样都适合衡量一国实际产出

12. 某国的消费支出为 8 亿美元,投资支出为 1 亿美元,间接税为 1 亿美元,政府用于商品和劳务的支出为 1.5 亿美元,出口额为 2 亿美元,进口额为 1.8 亿美元,则下列正确的是(　　)

　　A. NDP 为 10.7 亿美元　　　　　B. GDP 为 10.7 亿美元

　　C. GDP 为 9.7 亿美元　　　　　　D. NDP 为 9.7 亿美元

13. 某国 2024 年的名义 GDP 为 300 亿美元,经计算得到的该年实际 GDP 为 200 亿美元,基年的 GDP 平减指数为 100,那么 2024 年的 GDP 平减指数为（　　）。

    A. 660　　　　　　B. 150　　　　　　C. 220　　　　　　D. 250

14. 就国民收入核算来说,实际经济活动当中没有售出的商品（　　）。

    A. 计为消费支出　　　　　　　　B. 要在核算的 GDP 当中扣除

    C. 计为存货投资　　　　　　　　D. 计为政府购买支出

15. 某汽车生产厂购买了 10 亿元的原材料,生产了 20 亿元的汽车。这些汽车中的 50% 卖给了消费者,10% 卖给了政府,10% 出口,剩下的 30% 暂时没有销售出去,请问该汽车生产厂的生产行为对该国 GDP 的贡献是（　　）。

    A. 7 亿元　　　　　B. 10 亿元　　　　　C. 14 亿元　　　　　D. 20 亿元

16. 若某国名义 GDP 增长 10%,物价上涨 4%,则实际 GDP 增长率约为（　　）。

    A. 4%　　　　　　B. 6%　　　　　　C. 10%　　　　　　D. 14%

17. 如果 1970 年的名义 GDP 为 7 500 亿美元,按照 1960 年价格计算是多少?（价格指数 1960 年＝100,1970 年＝120）（　　）

    A. 9 000 亿美元　　　　　　　　B. 6 000 亿美元

    C. 7 300 亿美元　　　　　　　　D. 6 250 亿美元

18. 在国民收入核算体系里,下面哪些属于私人投资?（　　）

    A. 政府修建公路　　　　　　　　B. 私人购买股票

    C. 厂商年终的存货大于年初　　　D. 居民购买一套旧房产

19. 以下应计入今年 GDP 的是（　　）。

    A. 去年生产今年售出的汽车　　　B. 二手市场交易的旧手机

    C. 今年新建的厂房　　　　　　　D. 股票市场投资收益

20. 国内生产总值是指（　　）。

    A. 生产要素收入＋利润

    B. NI＋来自国外的净要素收入

    C. NI＋企业间接税＋折旧

    D. NI＋企业间接税＋折旧＋来自国外的净要素的收入

21. 下列哪一种说法是错误的?（　　）

    A. GDP 中包含了直接税　　　　　B. NDP 中未包含间接税

    C. NI 中包含了公司所得税　　　　D. PI 中包含了政府转移支付

22. 实际 GDP 反映（　　　　）。

    A. 扣除物价变动后的产出　　　　　　B. 名义收入水平

    C. 居民实际购买力　　　　　　　　　D. 国际贸易差额

23. 某经济中有人口 1 000 万人：400 万个人全职工作，200 万个人兼职工作但想全职工作，120 万个人正在找工作，80 万个人想工作但丧失信心放弃了找工作，100 万个人由于全日制学习无法工作，还有 100 万个人退休。请问失业人数是（　　　　）。

    A. 120 万人　　　　B. 200 万人　　　　C. 80 万人　　　　D. 300 万人

24. 某经济某一时期有 1.9 亿成年人，其中 1.2 亿人有工作，0.1 亿人在寻找工作，0.45 亿人没有工作，但也没找工作。该经济中劳动参与率为（　　　　），失业率为（　　　　）。

    A. 63%;7.7%　　　　　　　　　　　B. 68%;7.7%

    C. 63%;5.3%　　　　　　　　　　　D. 68%;5.3%

二、多项选择题

25. 支出法核算 GDP 时，总支出中包含以下（　　　　　　）。

    A. 消费　　　　　　　　　　　　　B. 投资

    C. 货币　　　　　　　　　　　　　D. 净出口

26. 收入法核算 GDP 时，纳入核算的项目为（　　　　　　）。

    A. 工资　　　　　　　　　　　　　B. 利润

    C. 间接税　　　　　　　　　　　　D. 租金

27. 名义 GDP 受到（　　　　　　）因素的影响。

    A. 当期生产的商品的数量　　　　　B. 基期生产的商品的数量

    C. 商品当期的价格　　　　　　　　D. 商品基期的价格

28. 下列属于转移支付的是（　　　　　　）。

    A. 退休军人津贴　　　　　　　　　B. 失业救济金

    C. 困难家庭补贴　　　　　　　　　D. 退休人员的退休金

29. 下列哪些应计入 GDP？（　　　　　　）

    A. 支付给保姆的工资

    B. 政府新建高铁的支出

    C. 股票交易中买方支付的 10 万元

    D. 二手车经销商赚取的 5 万元手续费

30. 政府行为中直接影响 GDP 的是（　　　　　　）。

  A. 发放失业救济金 500 亿元 B. 采购疫苗支出 300 亿元

  C. 提高公务员工资 200 亿元 D. 减免企业税收 100 亿元

31. 一国物价水平的衡量指标有（　　　　　）。

  A. GDP 折算指数 B. 生产者价格指数

  C. 消费者价格指数 D. 通货膨胀率

32. 宏观经济学主要研究（　　　　）总量。

  A. 总产出 B. 物价水平 C. 失业 D. 通货膨胀率

三、判断题

33. 国内生产总值（GDP）衡量一个国家所有居民在一定时期内生产的最终产品价值。（　　　）

34. 不论是商品数量还是商品价格的变化都会引起实际国内生产总值的变化。（　　　）

35. 政府发放失业救济金计入 GDP 中的政府购买。（　　　）

36. 一个国家的总产出和总收入是相等的。（　　　）

37. 某年的总投资是这一年中所生产的资本品的总和。（　　　）

38. 净投资是总投资减去资本折旧后的余额。（　　　）

39. 净投资不可能是负数。（　　　）

40. 妈妈做的晚餐堪比大厨，因此其价值应计入 GDP。（　　　）

41. 折旧费用是国民生产总值的一部分。（　　　）

42. 外国公司在本国的利润计入本国 GNP。（　　　）

43. 在国民收入核算中，工资是指个人实际得到的收入。（　　　）

44. 公司所得税是公司在分配利润前向政府缴纳的税赋。（　　　）

45. 家庭种植自用蔬菜的价值不计入 GDP。（　　　）

46. 购买公司债券得到的利息收入，应当算入国内生产总值。（　　　）

47. 一国 GNP＞GDP 时，说明该国海外净收入为负。（　　　）

48. 在短期内，居民的储蓄有可能大于可支配收入。（　　　）

49. 居民购买新建住宅属于消费支出。（　　　）

50. 政府公债利息支付计入政府购买。（　　　）

51. 某人出售一幅旧油画所得到的收入，属于当年国内生产总值的一部分。

（　　　）

52. 假定在一个封闭经济中只有消费，没有政府、投资及存货累积，那么GDP 平减指数与 CPI 是相等的，因为二者是根据相同的商品来计算的。（　　　）

四、计算题

53. 假设某国共生产五种产品,它们在 2022 年和 2024 年的产量和价格分别如下表所示。

产品	2022 年产量	2022 年价格	2024 年产量	2024 年价格
A	2 500	1.50	3 000	1.60
B	5 000	7.50	6 000	8.00
C	4 000	6.00	5 000	7.00
D	3 000	5.00	3 500	5.50
E	6 000	2.00	7 000	2.50

试求:

(1) 2022 年和 2024 年的名义 GDP。

(2) 2024 年的 GDP 平减指数以及该期间的通货膨胀率。

54. 假设一个橘子岛国只有两个公司:橘子公司生产橘子;橘子汁公司生产橘子汁。这两家公司在 2023 年收支表如下:

	橘子公司	橘子汁公司
员工支出	￥1 000 000	￥200 000
利息支出	￥50 000	￥80 000
缴纳税额	￥100 000	￥200 000
原材料支出		￥2 000 000
销售额	卖给消费者￥1 000 000; 卖给橘子汁公司￥2 000 000	卖给消费者￥3 500 000

(1) 请用产出法(生产法)来计算橘子岛国 2023 年的国内生产总值;

(2) 请用支出法来计算橘子岛国 2023 年的国内生产总值;

(3) 请用收入法来计算橘子岛国 2023 年的国内生产总值;

(4) 假设在以上经济活动之外,橘子公司还从中国进口了￥10 000 的橘子,通过产出法、支出法、收入法三个方法来计算该国新的国内生产总值是多少?

55. 根据下列统计资料(单位:亿美元),分别用支出法和收入法计算国内生产总值(GDP)、国内生产净值(NDP)、国民收入(NI)、个人收入(PI)。

折旧	200	间接税	200	投资	800
公司利润	580	个人租金收入	30	社会保险金	10
雇员报酬	1 500	政府购买	300	政府转移支付	50
利息	350	个人消费支出	1 700	个人所得税	400
净出口	100	企业转移支付	10	统计误差	30

56. 已知下列资料:国内生产总值 6 000 亿元,总投资 1 800 亿元,净投资 1 300亿元,消费 3 500 亿元,政府购买 500 亿元,政府预算盈余 300 亿元。试求:

(1) 国内生产净值;

(2) 净出口;

(3) 政府税收减去政府转移支付后的收入;

(4) 个人可支配收入;

(5) 个人储蓄。

57. 某国企业在本国总利润为 2 000 亿美元,在外国的收益为 500 亿美元;该国国民在本国的劳动收入为 1 800 亿美元,在外国的劳动收入为 100 亿美元;外国企业在该国的收益为 800 亿美元,外国人在该国的劳动收入为 120 亿美元。求该国的 GNP 及 GDP。

58. 假设一国的人口信息如下(单位:百万):总人口为 223.6,成年人为 168,失业者为 4,就业者为 105.2。求:

(1) 劳动力人数;

(2) 劳动力参与率;

(3) 失业率。

五、问答题

59. 宏观经济学和微观经济学有什么联系和区别？为什么有些经济活动从微观看是合理的、有效的，而从宏观看却是不合理的、无效的？

60. 国内生产总值中是否包括了中间产品价值？

61. 举例说明资本存量、总投资、净投资和重置投资四者的关系,这四者是否都计入 GDP?

62. 政府对新能源汽车的补贴使新能源汽车销量大增。能否说某公司生产的新能源汽车多卖掉一些时比少卖掉一些时对 GDP 的贡献要多一些?

63. 假定甲厂商为乙厂商提供服务应得的报酬为 400 美元,乙厂商为甲厂商提供服务应得的报酬为 300 美元,甲和乙商定互相抵消 300 美元,结果甲只收乙 100 美元。试问计入 GDP 的是否就是这 100 美元?

64. 请指出以下各项金额能否计入我国 GDP,如果能,请具体说明其分别计入支出法或收入法中的哪一部分? 如果不能,请说明原因:

(1) 国内消费者购买一台二手的海信电视机。

(2) 某企业购买一台全新的海信电视机。

(3) 海信电器库存电视机增加 1 万台。

(4) 也门政府购买 1 000 台新的海信电视机。

(5) 政府向海信公司的下岗工人提供失业救济金。

(6) 海信公司发放给员工的奖金。

(7) 海信公司员工婚礼上收到的礼金。

(8) 海信公司支付给外国员工的工资。

(9) 国内消费者购买 2 000 股海信电器股票。

(10) 海信公司支付的股息(红利)。

65. 如果甲、乙两国合并成一个国家,对 GDP 总和会有什么影响(假定两国产出不变)?

66. 为什么说国民收入核算是宏观经济分析的前提?

67. 为什么政府购买计入 GDP,而政府转移支付不计入 GDP?

68. 简述收入法的含义,说明国债利息为什么不直接计入 GDP 而公司债券利息则要计入 GDP。

69. 试比较实际 GDP、名义 GDP、人均 GDP、潜在 GDP 概念。

70. 在国民收入账户中,下列情况之间有什么差别:

(1) 厂商为某经理买一辆轿车,或厂商给经理一笔钱让他自己去买车,这两者之间有什么不同?

(2) 让配偶无偿看管房屋与雇佣配偶看管房屋,而不是无偿让其担任此工作,两者有何不同?

(3) 购买一辆中国国产车,与购买一辆在德国生产的汽车,两者有何不同?

71. 根据国民收入核算,试问:

(1) 利用 GDP 将中国与美国的实际生产或福利进行比较时,会高估还是低估中国的总产出或总福利?

(2) 利用 GDP 体系说明中国改革开放以来经济增长取得的巨大成绩时,会高估还是低估?

72. 肯尼迪在 1968 年竞选总统时的一篇演讲中,就 GDP 讲了以下一段话:

GDP 并没有考虑到我们孩子的健康、他们的教育质量或者他们游戏的快乐。它没有包括诗歌的美好,也没有包括婚姻的稳固,没有包括我们关于公共问题争论的智慧,也没有包括公务员的正直。它既没有衡量出我们的勇气与智慧,也没有衡量出我们对祖国的热爱。简言之,它衡量一切,但不包括使我们生活有意义的东西,它可以告诉我们有关美国的一切,但没有告诉我们,为什么我们以作为美国人而骄傲。

肯尼迪的话有道理吗? 如果有道理的话,我们为什么要关注 GDP? 请你结合所学知识评价 GDP 指标。

73. 结合以下资料，谈谈你对 GDP 与国民福利关系的看法。

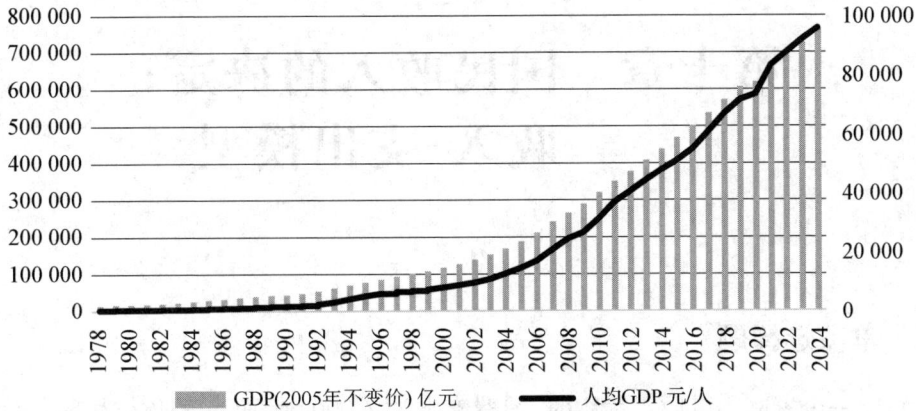

图 9-1　1978—2024 年中国 GDP 及人均 GDP

　　改革开放以来，中国 GDP 维持稳健增长，全球排名步步攀升，已多年稳居全球第二大经济体；人均 GDP 持续提高，接近世界平均水平，2024 年全球排名 74 位。中国在全球人类幸福感指数的排名中表现优异，甚至超越了其人均 GDP 的排名（2022 年第 72 名，2023 年上升至第 64 名，2024 年又升至第 60 名）。

　　高速公路从城里延伸到村口，电商从城市渗透到乡村，口袋里的手机连着世界，未来似乎触手可及。然而我们也常看到：清晨的地铁里，黑压压的人群挤在一起，人人低头刷着手机；写字楼里，灯光彻夜未熄，年轻人在电脑前加班到凌晨；家长为了孩子的成绩焦头烂额，孩子却已经被补习班压得喘不过气。

第十章　国民收入的决定：收入－支出模型

一、单项选择题

1. 一个家庭当其收入为零时，消费支出为 2 000 元，而当其收入为 6 000 元时，其消费为 6 000 元，在图形上，消费和收入之间成一条直线，则其边际消费倾向为（　　）。

    A. 2/3　　　　　　B. 3/4　　　　　　C. 4/5　　　　　　D. 1

2. 从短期来说，当居民的可支配收入等于零时，消费支出可能（　　）。

    A. 大于零　　　　　　　　　　B. 等于零

    C. 小于零　　　　　　　　　　D. 以上几种情况都可能

3. 边际消费倾向与边际储蓄倾向之和（　　）。

    A. 是大于 1 的正数　　　　　　B. 是小于 1 的正数

    C. 等于 1　　　　　　　　　　D. 等于零

4. 在短期内，居民的（　　）有可能大于可支配收入。

    A. 储蓄　　　　　　　　　　　B. 消费

    C. 所得税　　　　　　　　　　D. 平均消费倾向

5. 在同一个坐标系中，总需求曲线位于消费曲线的（　　）。

    A. 上方　　　　　　　　　　　B. 下方

    C. 重合　　　　　　　　　　　D. 位置关系无法确定

6. 假定其他条件不变，储蓄曲线向下平行移动意味着总需求曲线（　　）。

    A. 向上移动　　　　　　　　　B. 向下移动

    C. 不会移动　　　　　　　　　D. 没有影响

7. 在两部门经济中，当投资增加 100 万元时，国民收入增加了 1 000 万元，那么此时的边际消费倾向为（　　）。

    A. 100%　　　　B. 10%　　　　　C. 90%　　　　　D. 20%

8. 如果消费函数为 $c=100+0.8(y-t)$，并且税收和政府购买支出同时增加 1 美元,则均衡收入将(　　)。

  A. 保持不变   B. 增加 3 美元

  C. 增加 1 美元   D. 下降 4 美元

 9. 如果平均储蓄倾向为负,那么(　　)。

  A. 平均消费倾向等于 1

  B. 平均消费倾向大于 1

  C. 平均消费倾向和边际储蓄倾向之和小于 1

  D. 平均消费倾向小于 1

 10. 在简单国民收入决定理论中,边际消费倾向的值越大,则(　　)。

  A. 边际储蓄倾向的值越大 B. 乘数的值就越小

  C. 总支出曲线就越平坦 D. 总支出曲线就越陡

 11. 在两部门经济中,收入的均衡水平发生在(　　)。

  A. 计划投资等于计划消费时 B. 总供给等于计划投资时

  C. 总供给等于总需求时 D. 总支出等于企业部门的收入

 12. 假定其他条件不变,厂商增加投资将引起(　　)。

  A. 国民收入的增加,但消费水平不变

  B. 国民收入的增加,同时消费水平也提高了

  C. 国民收入的增加,但消费水平下降了

  D. 国民收入的增加,但消费水平的变动无法确定

 13. 在下列哪种情况下,消费和自发投资对国民收入有同样大的影响?
(　　)

  A. 消费的变化不是国民收入的变化带来的,而是其他因素引起的

  B. 消费的变化是国民收入的变化带来的,而不是其他因素引起的

  C. 既不是答案 A,也不是答案 B

  D. 消费和自发投资相等时

 14. 在简单凯恩斯收入决定模型的 45°线中,消费曲线与 45°线相交点的产出水平表示(　　)。

  A. 净投资支出大于零时的 GDP 水平

  B. 均衡的 GDP 水平

  C. 消费 C 和投资 I 相等

  D. 消费 C 和产出相等

 15. 在某封闭经济里,已知充分就业的国民收入是 2 000 亿美元,消费支出在充分就业的国民收入水平上是 1 700 亿美元,投资支出和政府支出的总和在

任何国民收入水平上都等于 200 亿美元,边际消费倾向为 3/4。均衡国民收入(　　)。

    A. 等于 2 000 亿美元　　　　　　B. 等于 1 900 亿美元

    C. 少于 1 900 亿美元　　　　　　D. 等于 1 700 亿美元

16. 在某封闭经济体中,已知充分就业的国民收入是 2 000 亿美元,消费支出在充分就业的国民收入水平上是 1 700 亿美元,投资支出和政府购买支出的总和在任何国民收入水平上都等于 200 亿美元,边际消费倾向为 3/4。要使国民收入达到充分就业的均衡,投资的增量应该(　　)。

    A. 多于 100 亿美元　　　　　　　B. 等于 100 亿美元

    C. 少于 100 亿美元　　　　　　　D. 无法确定

17. 投资乘数在哪一种情况下较大?(　　)

    A. 边际储蓄倾向较小　　　　　　B. 边际储蓄倾向较大

    C. 边际消费倾向较小　　　　　　D. 投资数量越大

18. 当政府税收或转移支付有一定变化时,消费的变化量与其相比(　　)。

    A. 变化相当　　　B. 难以确定　　　C. 变化较小　　　D. 变化较大

19. 根据简单国民收入决定的理论,如果由于某种原因,经济目前收入偏离并高于均衡收入水平,经济会如何调整重新实现均衡?(　　)

    A. 价格上升　　　　　　　　　　B. 价格下降

    C. 企业减产以减少非意愿存货　　D. 企业增加雇佣工人

20. 某国经济最初处于均衡状态,现在该国自发投资增加 150 亿美元,不存在引致投资,投资乘数等于 4,那么在国民收入形成新的均衡的时候(　　)。

    A. 投资增加了 150 亿美元,消费增加了 450 亿美元

    B. 投资增加了 150 亿美元,消费增加了 600 亿美元

    C. 投资增加了 450 亿美元,消费增加了 150 亿美元

    D. 投资增加了 150 亿美元,消费增加了 750 亿美元

21. 如果经济低于充分就业水平,价格水平固定,(　　)能使经济更接近于充分就业。

    A. 政府支出的削减或税收的增加　B. 政府支出或税收的削减

    C. 政府支出和税收的等量削减　　D. 政府支出的增加或税收的削减

22. 某国边际消费倾向等于 0.8,减税 100 万美元使均衡国民收入增加(　　)。

    A. 400 万美元　　　　　　　　　B. 500 万美元

    C. 80 万美元　　　　　　　　　　D. 200 万美元

23. 下面哪一种情况可能使国民收入增加得最多？（　　　）

    A. 政府增加购买 50 亿元商品和劳务

    B. 政府购买增加 50 亿元，同时增加税收 50 亿元

    C. 税收减少 50 亿元

    D. 政府支出增加 50 亿元，其中 30 亿元由增加的税收支付

24. 在某封闭经济中，政府只征收定量税，且将新征税收 100 亿美元全部用于政府支出。这一举措的净效应是（　　　）。

    A. 该经济的 GDP 增加 100 亿美元

    B. 该经济的 GDP 增加量等于 100 亿美元乘以财政支出乘数

    C. GDP 增加的同时，消费增加，储蓄增加

    D. 不能判断 GDP 增加程度

25. 以下哪种情况的陈述是正确的？（　　　）

    A. 存在通货紧缩缺口时，总产出大于潜在产出

    B. 存在通货膨胀缺口时，总产出大于潜在产出

    C. 通货紧缩缺口是一种长期现象，需要政府实施相关政策消除

    D. 如果有紧缩缺口和膨胀缺口存在，会在短期中被经济的自然规律消除

二、多项选择题

26. 下列属于消费的是（　　　　）。

    A. 小明下课时买的零食

    B. 老张下班去理发

    C. 约翰在 4S 店买的新轿车

    D. 露西家建的新房子

27. 下列属于投资的是（　　　　）。

    A. IBM 新建的办公楼

    B. 张大爷买的 200 股阿里巴巴股票

    C. 小李的淘宝店刚采购的一批货物

    D. 马太太新开了一个小杂货铺

28. 根据凯恩斯的理论，下列变量随着收入增加而递减的有（　　　　　）。

    A. 边际消费倾向

    B. 边际储蓄倾向

    C. 平均消费倾向

    D. 平均储蓄倾向

29. 两部门经济中,收入均衡的条件包括(   )

    A. 储蓄等于实际投资

    B. 消费等于实际投资

    C. 储蓄等于计划投资

    D. 总支出等于总收入

30. 可支配收入取决于哪些因素?(   )

    A. 总产出

    B. 税收

    C. 政府的转移支付

    D. 投资

31. 其他条件不变,下列哪些项目的增加不会引起国民收入均衡水平的提高?(   )

    A. 进口

    B. 意愿的自主性支出

    C. 税收

    D. 私人储蓄

32. 其他条件不变,下面哪些项目会使国民收入提高?(   )

    A. 政府国防开支增加

    B. 个人计算机出口增加

    C. 消费者娱乐支出增加

    D. 公众购买的政府债券增加

三、判断题

33. 在短期内,当居民的可支配收入等于零时,消费支出也等于零。(   )

34. 可支配收入一部分用于消费,余下是储蓄,所以消费不可能大于可支配收入。
    (   )

35. 如果边际消费倾向递减,平均消费倾向也将递减。(   )

36. 假定可支配收入不变,平均消费倾向越大,消费支出就越大。(   )

37. 中彩票获得的奖金会增加消费。(   )

38. 假如居民在不同的可支配收入水平上都增加消费支出,消费曲线将向上移动。
    (   )

39. 消费曲线的斜率等于边际消费倾向。(   )

40. 边际储蓄倾向是大于1的正数。(   )

41. 在短期内,居民的储蓄有可能大于可支配收入。　　　　　　　　（　　）

42. 经济萧条时消费需求下降,储蓄则增加。　　　　　　　　　　　（　　）

43. 当消费曲线与45°线相交的时候,消费支出等于储蓄。　　　　　（　　）

44. 在同一个坐标平面内,消费曲线的位置和形状一旦确定,储蓄曲线的位置和形状随之确定。　　　　　　　　　　　　　　　　　　　　（　　）

45. 在某一可支配收入水平上,如果消费曲线与45°线相交,储蓄曲线一定与横轴相交。　　　　　　　　　　　　　　　　　　　　　　（　　）

46. 乘数理论表明,投资增加,国民收入就成倍的增加。　　　　　　（　　）

47. 某居民把节省下来的收入锁在钱柜里,这是储蓄行为。　　　　　（　　）

48. 某居民把节省下来的收入用于买股票,这是投资行为。　　　　　（　　）

49. 假如某居民买了一所新房子,这是消费行为。　　　　　　　　　（　　）

50. 假如某居民把节省下来的钱购买一所旧房子,这是投资行为。　　（　　）

51. 某公司保留部分利润的行为是储蓄,把这部分未分配利润用于购买新设备的行为是投资。　　　　　　　　　　　　　　　　　　　　　（　　）

52. 均衡的国民收入就是潜在国民收入。　　　　　　　　　　　　　（　　）

53. 均衡时 $s+t=i+g$,因此,储蓄一定等于投资,税收一定等于政府支出。　　　　　　　　　　　　　　　　　　　　　　　　　　　　（　　）

54. 在三部门经济中,增加政府支出可以缓解紧缩性缺口。　　　　　（　　）

55. 假如政府购买支出和政府税收同时增加同样的数量,注入量和漏出量仍然相等,均衡国民收入没发生变化。　　　　　　　　　　　　　（　　）

56. 假定其他条件不变,消费的增加将引起总需求曲线向上移动,从而导致均衡国民收入的增加。　　　　　　　　　　　　　　　　　　　（　　）

57. 在消费和投资支出不足的条件下,为了避免国民收入水平的下降,政府应该增加支出和鼓励出口。　　　　　　　　　　　　　　　　　（　　）

58. 改变政府购买支出水平对宏观经济活动的效果要大于改变税收和转移支付的效果。　　　　　　　　　　　　　　　　　　　　　　　（　　）

59. 假如边际储蓄倾向大于边际消费倾向,投资乘数将小于1。　　　（　　）

60. 均衡的国内生产总值可能大于、小于或等于充分就业的国内生产总值。　　　　　　　　　　　　　　　　　　　　　　　　　　　（　　）

61. 储蓄不变的情况下,消费增加,均衡国民收入增加。　　　　　　（　　）

62. 自发消费或引致消费增加,均衡国民收入都会增加。　　　　　　（　　）

63. 政府收支增加,均衡国民收入增加。　　　　　　　　　　　　　（　　）

四、计算题

64. 假设某经济社会的消费函数为 $c=100+0.8y$，投资为 50（单位：10 亿美元）。

(1) 求均衡收入、消费和储蓄。

(2) 如果当时实际产出（即收入）为 800，试求企业非意愿存货投资为多少？

(3) 若投资增至 100，试求增加的收入。

(4) 若消费函数变为 $c=100+0.9y$，投资仍为 50，收入和储蓄各为多少？投资增至 100 时收入增加多少？

(5) 消费函数变动后，乘数有何变化？

65. 假设一个萧条经济的消费函数为 $c=15+0.75y_d$,投资 $i=20$,政府转移支付 $t_r=2$,政府购买 $g=10$,税收 $t_0=6$。

(1) 求均衡国民收入。

(2) 若潜在国民收入(充分就业的国民收入)为 288,需要增加多少政府购买支出才能弥补通货紧缩缺口?

(3) 政府购买增加对消费需求有何影响?

(4) 若潜在国民收入(充分就业的国民收入)为 150,其他条件不变,政府需要调整多少转移支付弥补通货膨胀缺口?

(5) 请图示(2)和(4)。

66. 在三部门经济中,已知消费函数:$c=100+0.9y_d$,投资 $i=300$,政府购买 $g=160$,税收函数 $t=0.2y$。试求:

(1) 均衡的收入水平及投资乘数、政府购买乘数和税收乘数。

(2) 政府的财政盈余 bs。

(3) 若政府购买 g 增加到 300,新的均衡收入 y' 和财政盈余 bs'。

(4) 如果当时实际产出(即收入)为 3 000,国民收入将如何变化? 为什么?

67. 已知经济体的消费函数 $c = 1\,000 + 0.8y_d$,投资 $i = 800$,政府购买 $g = 600$,净税收 $t = 500$,试求:

(1) 均衡国民收入 y 和可支配收入 y_d;

(2) 消费支出 c;

(3) 储蓄 s 和政府赤字 bd。

五、问答题

68. 什么是凯恩斯定律? 凯恩斯定律提出的社会经济背景是什么?

69. 边际消费倾向和边际储蓄倾向之和是多少？请推导。

70. 按照凯恩斯的观点,增加储蓄对均衡收入会有什么影响？什么是"节俭的悖论"？

71. 均衡国民收入和充分就业国民收入有何区别与联系？

72. 什么是边际消费倾向递减规律？

73. 分别利用 45 线法和投资–储蓄法,作图分析均衡国民收入的形成。

74. 为什么厂商非意愿存货为零是国民收入达到均衡水平的条件?（作图）

75. 图示说明什么是膨胀性缺口和紧缩性缺口,两者的后果有什么不同?

76. 比较政府购买支出和转移支付、税收变动对均衡国民收入影响的途径和影响程度。

77. 什么是乘数？简述投资乘数原理,并说明乘数作用的条件。

78. 在国家处于经济萧条时,国家税收水平从总量上看必定处于较低水平,为什么明智的政府在此时还要出台有关税收减免的政策呢?

第十一章 国民收入的决定：IS‑LM 模型

一、单项选择题

1. 下列何种行为属于经济学意义上的投资？（　　）
   A. 购买公司债券
   B. 购买公司股票
   C. 购买国债
   D. 上述都不是

2. 狭义的货币供给是指（　　）。
   A. 现金与活期存款之和
   B. 活期存款与定期存款之和
   C. 现金与商业银行的定期存款之和
   D. 商业银行定期存款与准备金之和

3. 引起 IS 曲线向左移动的原因是（　　）。
   A. 政府决定降低个人所得税
   B. 政府决定通过中央银行减少货币供给
   C. 政府将资金投入到修建公路中
   D. 政府决定取消原有的冬季采暖补贴

4. 当价格水平和货币供给量不变时，交易和预防需求增加，将导致货币的投机需求（　　）。
   A. 增加
   B. 不变
   C. 减少
   D. 不确定

5. 利率从根本上是由货币市场（　　）。
   A. 供给决定
   B. 需求决定
   C. 政府决定
   D. 供求两个因素决定

6. 若横轴表示收入，纵轴表示利率，则 IS 曲线的下方表示（　　）。
   A. 投资大于储蓄
   B. 货币需求大于货币供给
   C. 投资小于储蓄
   D. 货币需求小于货币供给

7. 如果货币需求对利率的弹性无穷大,那么中央银行增加货币供给会使
(　　)。

    A. 利率下降　　　　　　　　　B. 产出增加

    C. 投资增加　　　　　　　　　D. 以上都不是

8. 储蓄增加将导致(　　)。

    A. IS 曲线向右移动　　　　　B. IS 曲线向左移动

    C. LM 曲线向右移动　　　　　D. LM 曲线向左移动

9. 假定名义货币供给量不变,价格总水平上升将导致一条向右上方倾斜的
LM 曲线上的一点(　　)。

    A. 沿原 LM 曲线向右上方移动　　B. 沿原 LM 曲线向左下方移动

    C. 向右移动到另一条 LM 曲线上　D. 向左移动到另一条 LM 曲线上

10. 凯恩斯认为在极端情形下,当利率低到一定程度时,(　　)。

    A. 交易动机的货币需求将趋于无穷大

    B. 预防动机的货币需求将趋于无穷小

    C. 投机动机的货币需求将趋于无穷大

    D. 投机动机的货币需求将趋于无穷小

11. 根据流动偏好理论,保持实际货币余额供给不变,收入上升会(　　)实
际货币余额需求,并且会(　　)利率。

    A. 增加;增加　　　　　　　　B. 增加;降低

    C. 减少;降低　　　　　　　　D. 减少;增加

12. LM 曲线表示(　　)。

    A. 货币供给等于货币需求的收入和利率的组合

    B. 货币供给大于货币需求的收入和利率的组合

    C. 产品需求等于产品供给的收入和利率的组合

    D. 产品供给大于产品需求的收入和利率的组合

13. 下列(　　)假设不构成 IS - LM 模型的基础。

    A. 货币供给与利率负相关

    B. 所有债券有同样的利率

    C. 货币需求与产量正相关

    D. 有两种金融资产:货币和债券

14. 引起 LM 曲线变得平坦的原因有(　　)。

    A. 货币需求对收入的敏感度提高

    B. 货币需求对利率的敏感度提高

C. 投资需求对利率的敏感度提高

D. 投资需求对利率的敏感度降低

15. 在古典区域,下面哪种情况会引起收入增加?(   )

   A. *LM* 曲线不变,政府购买增加

   B. *LM* 曲线不变,政府购买减少

   C. *IS* 曲线不变,货币供应量增加

   D. *IS* 曲线不变,货币供应量减少

16. 水平状的 *LM* 曲线表示(   )。

   A. 利率对货币投机需求影响最大

   B. 利率对货币投机需求影响最小

   C. 货币需求对利率影响不确定

   D. 以上都不对

17. 利用 *IS-LM* 模型分析,如果其他条件不变,提高法定准备金率将会出现(   )。

   A. *LM* 曲线向右移动,利率上升,国民收入增加

   B. *LM* 曲线向右移动,利率下降,国民收入增加

   C. *LM* 曲线向左移动,利率上升,国民收入减少

   D. *LM* 曲线向左移动,利率下降,国民收入减少

18. 自发投资支出增加 10 亿美元,会使 *IS*(   )。

   A. 右移 10 亿美元

   B. 左移 10 亿美元

   C. 右移支出乘数乘以 10 亿美元

   D. 左移支出乘数乘以 10 亿美元

19. 如果净税收减少 10 亿美元,会使 *IS*(   )。

   A. 右移税收乘数乘以 10 亿美元

   B. 左移税收乘数乘以 10 亿美元

   C. 右移支出乘数乘以 10 亿美元

   D. 左移支出乘数乘以 10 亿美元

20. 在 *IS-LM* 模型中,公务员涨薪对国民经济的影响是导致(   )。

   A. 消费上升,投资上升   B. 消费上升,投资下降

   C. 消费下降,投资上升   D. 消费下降,投资下降

21. 假定货币需求为 $L=ky-hr$,货币供给减少 10 亿美元,而其他条件不变,则会使 *LM* 曲线(   )。

A. 左移 10 亿美元   B. 左移 k 乘以 10 亿美元

C. 左移 10 亿美元除以 k D. 左移 k 除以 10 亿美元

22. 利率和收入的组合点出现在 IS 曲线右上方、LM 曲线左上方的区域中,则表示(　　)。

    A. 投资小于储蓄且货币需求小于货币供给

    B. 投资小于储蓄且货币需求大于货币供给

    C. 投资大于储蓄且货币需求小于货币供给

    D. 投资大于储蓄且货币需求大于货币供给

23. 投机性货币需求的理论表明(　　)。

    A. 利率越高,债券价格越低,人们预期债券价格会下降,因而不愿购买更多债券

    B. 利率越高,债券价格越低,人们预期债券价格回涨可能性越大,因而越是愿意更多购买债券

    C. 利率越低,债券价格越高,人们为购买债券需要的货币就越多

    D. 利率越低,债券价格越高,人们预期债券可能还要上升,因而想购买更多债券

24. 如果货币需求曲线接近水平状,这意味着(　　)。

    A. 利率稍有变动,货币需求就会大幅度变动

    B. 利率变动很大时,货币需求变动不大

    C. 货币需求丝毫不受利率影响

    D. 以上三种情况都可能

25. 若中央银行在政府增税的同时减少货币供给,则(　　)。

    A. 利率必然上升

    B. 利率必然下降

    C. 均衡的收入水平必然上升

    D. 均衡的收入水平必然下降

26. 假定当前的均衡产出低于充分就业的产出,根据 IS-LM 模型,如果政府希望产出增加,但又不希望利率上升,应该怎么做?(　　)

    A. 增加政府支出同时减少货币供给

    B. 增加政府支出同时增加货币供给

    C. 减少政府支出同时减少货币供给

    D. 减少政府支出同时增加货币供给

27. 如果投资对利率变动不是很敏感,则(　　)。

A. IS 曲线变得更陡峭

B. IS 曲线变得更平坦

C. LM 曲线会变得更陡峭

D. LM 曲线会变得更平坦

二、多项选择题

28. 根据凯恩斯的理论,货币需求受到哪些因素的影响?(   )

    A. 国民收入   B. 利润率

    C. 投资乘数   D. 实际利率

29. 下列哪些情况会促使投资减少?(   )

    A. 经济运行越发衰退,投资的边际效率下降

    B. 名义利率没变,但通货膨胀率下降了

    C. 通胀率没变,但名义利率上升了

    D. 实际利率下降了

30. 下列哪种情况一定会使产品和货币市场同时均衡的国民收入增加?(   )

    A. IS 曲线和 LM 曲线都向右移动

    B. IS 曲线和 LM 曲线都向左移动

    C. IS 曲线不变,LM 曲线向右移动

    D. IS 曲线向右移动,LM 曲线保持不变

31. 下列哪种情况一定会使产品和货币市场同时均衡的利率增加?(   )

    A. IS 曲线和 LM 曲线都向右移动

    B. IS 曲线和 LM 曲线都向左移动

    C. IS 曲线不变,LM 曲线向左移动

    D. IS 曲线向右移动,LM 曲线保持不变

32. 凯恩斯的基本理论框架包括(   )。

    A. 总需求不足以实现充分就业

    B. 消费需求不足是因为边际消费倾向小于 1

    C. 投资需求不足是因为资本边际效率在长期内递减

    D. 存在流动偏好陷阱,货币政策效果有限,增加收入主要靠财政政策

三、判断题

33. 资本边际效率和投资边际效率都是一条向右下方倾斜的曲线,两者是相同的。 (　　)

34. LM 曲线不变,IS 曲线向右上方移动会增加收入和降低利率。 (　　)

35. 所谓"凯恩斯陷阱"一般产生于债券价格的低位区。 (　　)

36. 在 LM 曲线古典区域,只有增加政府支出,才会引起收入增加。 (　　)

37. 根据流动性偏好理论,当利率水平低到一定程度后,货币需求与利率无关。 (　　)

38. 根据托宾的投资"q"值理论,其他因素不变,企业是否投资取决于企业股票价格的高低,股票价格上升则投资减少。 (　　)

39. 在 LM 曲线的水平部分,货币需求不受利率的影响。 (　　)

40. 投资需求曲线越平缓,IS 曲线也越平缓。 (　　)

41. 货币需求对利率变动的敏感程度提高,会使 LM 曲线变得更陡峭。 (　　)

42. 实际货币供给量的增加可以通过价格水平的提高或者名义货币供给量的增加来达到。 (　　)

43. 投资的减少使 IS 曲线向左方移动。相反,投资增加导致 IS 曲线向右方移动。 (　　)

44. 货币需求曲线越平缓,LM 曲线也越平缓;反之,LM 曲线也越陡峭。 (　　)

45. 货币供给的扩张会使 LM 曲线向右方移动。 (　　)

46. 价格水平的上升会使 LM 曲线向右方移动。 (　　)

47. 假如投资和货币供给同时增加了,利息率将趋于上升。 (　　)

48. 根据托宾 q 理论,当企业利润上升时,q 值下降,这时是投资的好时机。 (　　)

49. 在 IS-LM 模型中,IS 方程中的利率与 LM 方程中的利率都是指名义利率,而不是实际利率。 (　　)

50. 在 IS 曲线和 LM 曲线相交时所形成的均衡国民收入,是充分就业的国民收入。 (　　)

51. 货币市场和产品市场同时达到均衡出现在各种收入水平和利率上。 (　　)

52. 在非均衡的第 Ⅰ 区域(IS 的右边,LM 的左边),要使得经济达到均衡应该同时扩大生产,增加供给;同时,下调利率,增加货币需求。 (　　)

四、计算题

53. 假设某国经济可以用以下等式描述：消费 $c=90+0.9y_d$，税收 $t=\dfrac{1}{3}y$，政府政府支出 $g=710$，投资 $i=200-1\,000r$，实际货币供给 $m=2\,220$，货币需求 $L=y-1\,000r$，单位均为亿元。

(1) 求 IS 和 LM 曲线的表达式。

(2) 求产品市场和货币市场同时均衡时的利率和收入。

(3) 私人消费及投资各为多少？

54. 假设消费函数 $c=1\,000+0.6y$,投资函数 $i=800-6r$,政府购买 $g=200$,货币需求函数 $L=500+0.5y-120r$,名义货币供应 $M=3\,000$,价格指数 $P=1.5$,单位均为亿元。求:

(1) IS 曲线方程、LM 曲线方程。

(2) 均衡的利率和收入。

(3) 如果充分就业的国民收入为 $5\,000$ 亿美元,在价格水平不变下,需增加多少货币供给量才能实现充分就业?

(4) 投机性货币需求增加或减少多少?

55. 假如一个经济可以由以下方程来描述（单位均为亿元）：

$$c = 100 + \frac{2}{3}(y-t), t = 600, g = 500, i = 800 - \frac{50}{3}r, \frac{M}{P} = 0.5y - 50r,$$

（1）写出这个经济的 IS 曲线方程。

（2）写出这个经济的 LM 曲线方程。

（3）假设 $P = 1$，而且 $M = 1\ 200$，求解均衡时的实际收入和利率。如果价格变为 $P = 2.0$，均衡时的实际利率和收入如何变化？

56. 假设一国消费函数为 $c = 200 + 0.75y_d$,投资为 $i = 200 - 25r$,政府购买支出与税收都是 100,单位均为亿元,求:

(1) 针对该国经济,画出 r 在 0—8 之间的 IS 曲线。

(2) 在该经济体中,货币需求函数为 $L = y - 100r$,名义货币供应 $M = 1\,000$,价格水平为 $P = 2$,请画出 r 在 0—8 之间的 LM 曲线。

(3) 均衡的利率和收入。

57. 假设某经济体的货币需求函数 $L=0.2y$，货币供给为 200 亿美元，消费函数 $c=100+0.8y_d$，投资函数 $i=140-5r$。（单位均为亿元）

(1) 求 IS 和 LM 方程；

(2) 若货币供给从 200 亿美元增加到 220 亿美元，LM 曲线如何移动？均衡收入、利率、消费和投资各为多少？

(3) 为什么均衡收入增加量等于 LM 曲线移动量？

58. 下面是某国的国民经济数据:在三部门经济中,已知货币需求函数 $L=0.3y$,货币供给 $M=300$,消费函数 $c=100+0.8y_d$,税收 $T=50$,投资函数 $i=140-600r$,政府购买 $g=60$。(单位均为亿元)

(1) 求产品市场和货币市场同时均衡时的国民收入、利率和投资。

(2) 若 M 增加 60,求新的均衡国民收入、利率和投资。

(3) 若政府购买支出增加 10,是否存在挤出效应,挤出是多少?

59. 假设价格水平不变时：

(a) 消费函数 $c=50+0.8y$，投资函数 $i=100-5r$；

(b) 消费函数 $c=50+0.8y$，投资函数 $i=100-10r$；

(c) 消费函数 $c=50+0.75y$，投资函数 $i=100-10r$。

(1) 求(a)、(b)、(c)的 IS 曲线。

(2) 比较(a)与(b)，说明投资对利率更为敏感时，IS 曲线的斜率将发生什么变化？

(3) 比较(b)与(c)，说明边际消费倾向变动时，IS 曲线的斜率将发生什么变化？

五、问答题

60. 说明影响 IS 曲线斜率的因素。

61. 解释 IS 曲线向下倾斜的原因和假定条件。

62. 影响 IS 曲线移动的因素有哪些? 请说明。

63. 请用托宾的"q"理论简要说明股票价格与经济活动同时波动的原因。

64. 简述货币需求的三种动机及产生的原因和各自曲线形状,并说明货币总需求函数及货币总需求曲线。

65. 简述 LM 曲线的三个区域的经济意义。

66. 简述利率取决于什么?

67. 解释 *LM* 曲线向上倾斜的原因和假定条件。

68. 什么是 $IS - LM$ 模型？

69. 简述凯恩斯经济理论的基本纲要。

70. 为什么政府支出增加会使利率和收入均上升,而中央银行增加货币供给会使收入增加而利率下降?

六、分析论述题

71. 请说明流动性偏好陷阱的含义,并画图说明流动性偏好陷阱对 LM 曲线的影响。

72. 如果一国政府削减个人和企业所得税,请运用 *IS - LM* 模型说明在以下两种情况下减税的经济效果,并解释为什么结果不同。

(1) 中央银行调整货币供给量以保持利率水平不变。

(2) 中央银行保持货币供给量不变。

73. 结合 *IS - LM* 模型,说明产品市场和货币市场非均衡的表现形式,如何进行调整使产品市场和货币市场的这种非均衡走向均衡? 请分析说明。

74. 投资是将产品市场与货币市场联系起来的关键变量吗?

第十二章 国民收入的决定：AD – AS 模型

一、单项选择题

1. 对宏观需求和微观需求的相同之处表述正确的是(　　)。
   A. 需求与价格呈同方向变化
   B. 自变量都是价格水平
   C. 需求与价格呈反方向变化
   D. 自变量都是相对价格

2. 总需求曲线反映的是(　　)。
   A. 产品市场达到均衡时,国民收入与价格水平之间的关系
   B. 货币市场达到均衡时,总需求与利率之间的关系
   C. 产品市场和货币市场达到均衡时,总需求与通货膨胀之间的关系
   D. 产品市场和货币市场达到均衡时,总需求与价格水平之间的关系

3. 总需求曲线向右下方倾斜是由于价格水平上升时,(　　)。
   A. 投资会减少　　　　　　　　B. 消费会减少
   C. 净出口会减少　　　　　　　D. 以上因素都是

4. 宏观经济学中的利率效应是指:当价格水平变动引起利率同方向变动,进而使(　　)反方向变动的情况。
   A. 投资和产出水平　　　　　　B. 政府购买支出和产出水平
   C. 投资和债券价格　　　　　　D. 可支配收入和产出水平

5. 考虑能够使得总需求曲线更加陡峭的因素,下列陈述中最恰当的是(　　)。
   A. 私人部门支出对利率更敏感
   B. 支出乘数更大
   C. 货币需求对利率更敏感
   D. 以上答案都正确

6. 下列哪一观点是正确的?（　　　　）

　　A. 当价格水平上升幅度大于名义货币供给增长时,实际货币供给增加

　　B. 当名义货币供给增长大于价格水平上升幅度时,实际货币供给减少

　　C. 在其他条件不变的情况下,价格水平上升,实际货币供给减少

　　D. 在其他条件不变的情况下,价格水平下降,实际货币供给减少

7. 在任何一个既定价格水平下,货币供给增加使实际货币余额增加,LM 曲线向下移动以及收入增加,因此,总需求曲线（　　　　）。

　　A. 向左移　　　　　　　　　　　B. 向右移

　　C. 位置不变　　　　　　　　　　D. 位置无法确定

8. 能够使总需求曲线向右移动的非政策因素有（　　　　）。

　　A. 政府购买增加　　　　　　　　B. 私人投资意愿提高

　　C. 货币供应量增加　　　　　　　D. 转移支付增加

9. 当其他条件不变时,总需求曲线（　　　　）。

　　A. 在政府支出减少时向右移

　　B. 在价格水平上升时向左移

　　C. 在税收减少会时向左移

　　D. 在名义货币供给增加时向右移

10. 在既定的劳动需求函数中,（　　　　）。

　　A. 产品价格上升,劳动需求减少

　　B. 产品价格上升,实际工资减少,劳动需求增加

　　C. 价格水平和名义工资同比例增加时,劳动需求增加

　　D. 价格水平和名义工资同比例增加时,劳动需求减少

11. 当劳动的边际产出函数是 $400-2N$（N 是使用劳动的数量）,产品的价格是 15 元,每单位劳动的成本是 30 元时,劳动的需求量是（　　　　）。

　　A. 450 单位　　　　　　　　　　B. 199 单位

　　C. 300 单位　　　　　　　　　　D. 200 单位

12. 表示价格不变而总供给可以增加的总供给曲线是（　　　　）。

　　A. 凯恩斯主义总供给曲线

　　B. 常规总供给曲线

　　C. 古典总供给曲线

　　D. 长期总供给曲线

13. 长期总供给曲线表明,（　　　　）。

　　A. 产出仅取决于总需求水平

B. 在任何价格水平下,潜在的实际国民收入都是一致的

C. 价格水平仅由总供给确定

D. 均衡的实际国民收入无法确定

14. 若一点沿着常规总供给曲线向右上方移动,表明(　　)。

　　A. 价格水平不变,总供给增加

　　B. 价格水平不变,总供给减少

　　C. 价格水平下降,总供给增加

　　D. 价格水平上升,总供给增加

15. 在其他条件不变时,总供给曲线右移可能是因为(　　)。

　　A. 厂商对劳动的需求减少

　　B. 原材料涨价

　　C. 移民迁入使劳动力增加

　　D. 劳动生产率降低

16. 在常规总供给曲线区域,总需求的减少会引起(　　)。

　　A. 国民收入增加,价格水平上升

　　B. 国民收入减少,价格水平上升

　　C. 国民收入增加,价格水平下降

　　D. 国民收入减少,价格水平下降

17. 在总需求不变时,短期总供给的增加会引起(　　)。

　　A. 国民收入增加,价格水平上升

　　B. 国民收入增加,价格水平下降

　　C. 国民收入减少,价格水平上升

　　D. 国民收入减少,价格水平下降

18. 假定经济实现充分就业,总供给曲线是垂直线,减税将(　　)。

　　A. 提高价格水平和实际产出

　　B. 提高价格水平但不影响实际产出

　　C. 对价格水平和产出均无影响

　　D. 提高实际产出但不影响价格水平

19. 与18题中假定相同,若政府支出增加,则(　　)。

　　A. 利率上升,实际货币供给减少

　　B. 利率上升,实际货币供给增加

　　C. 利率上升,不影响实际货币供给

　　D. 对利率和实际货币供给均无影响

20. 与 18 题中假定相同,名义货币供给增加,则(　　　)。

　　A. 实际货币供给增加

　　B. 不影响实际货币供给

　　C. 实际产出同比例增加

　　D. 利率水平下降

21. 当总供给曲线为正斜率,原材料价格上升,总供给曲线会移向(　　　)。

　　A. 右方,价格水平下降,实际产出增加

　　B. 左方,价格水平下降,实际产出增加

　　C. 右方,价格水平上升,实际产出减少

　　D. 左方,价格水平上升,实际产出减少

22. 假定经济尚未实现充分就业,总供给曲线有正的斜率,减税会使 (　　　)。

　　A. 价格水平上升,实际产出增加

　　B. 价格水平上升,实际产出不变

　　C. 价格水平下降,实际产出也下降

　　D. 价格水平下降,实际产出增加

23. 下列说法中,不属于供给政策的是(　　　)。

　　A. 为了鼓励厂商积极活跃,政府削减边际税率

　　B. 中央银行降低短期利率

　　C. 通过提供更好的教育和培训,提高劳动生产率

　　D. 通过对儿童补贴,鼓励母亲返回工作岗位

24. 上升的物价水平和下降的实际国民收入是由以下哪项引起的?(　　　)

　　A. 总需求曲线在给定的短期总供给曲线上移动

　　B. 通货紧缩的自动调节机制

　　C. 长期总供给曲线右移

　　D. 短期总供给曲线沿着不变的总需求曲线左移

25. 以下哪种情况的陈述是正确的?(　　　)

　　A. 存在通货紧缩缺口时,总产出大于潜在产出

　　B. 存在通货膨胀缺口时,总产出大于潜在产出

　　C. 通货紧缩缺口是一种长期现象,需要政府实施相关政策消除

　　D. 如果有紧缩缺口和膨胀缺口存在,会在短期中被经济的自然规律消除

二、多项选择题

26. 在短期内,总需求包括(   )。

 A. 投资需求   B. 政府需求

 C. 消费需求   D. 进出口需求

27. 下列表述中正确的有(   )。

 A. 总需求曲线是反映总需求与利率之间关系的曲线

 B. 总需求曲线上的点表明产品市场与货币市场同时达到均衡

 C. 总需求曲线反映了总需求与价格水平之间的关系

 D. 总需求曲线表明国民收入和价格水平呈反方向变动关系

28. 短期内下列哪些因素会引起总供给曲线向左移动?(   )

 A. 某国发生海啸,摧毁了很多农田和工厂

 B. 石油价格暴涨

 C. 工会为工人争取了更高的工资

 D. 股票市场进入牛市

29. 长期总供给曲线表示(   )。

 A. 经济中的资源没有得到充分利用

 B. 经济实现了充分就业

 C. 经济中的产量达到了潜在产量水平

 D. 总供给不受价格影响

30. 总需求曲线之所以向右下方倾斜,是因为(   )。

 A. 财富效应   B. 利率效应

 C. 价格效应   D. 汇率效应

31. 总供给曲线可根据(   )推导而得到。

 A. 劳动供给函数   B. 劳动需求函数

 C. 宏观总量生产函数   D. IS-LM 模型

32. 总需求-总供给模型可以直接决定(   )。

 A. 国民收入   B. 投资

 C. 价格水平   D. 利率

33. 若经济充分就业且总供给曲线垂直,增加 10% 的名义货币供给将

(   )。

 A. 对价格水平无影响   B. 减少名义工资 10%

 C. 增加名义工资 10%   D. 实际货币供给不变

34. 关于滞胀的陈述正确的有(　　　　　)。

　　A. 总产出水平下降,同时总价格水平上升的经济现象

　　B. 一般由不利的供给冲击导致的经济结果

　　C. 一般由不利的需求冲击导致的经济结果

　　D. 一般由不利的供给冲击或不利的需求冲击导致的经济结果

35. 若经济体短期均衡的实际产出水平大于潜在产出水平,这表示(　　　　　)。

　　A. 名义工资需要向上调整才能使经济从短期均衡移动到长期均衡

　　B. 经济中的失业率比较低

　　C. 经济中的工作机会比较多

　　D. 为达到长期均衡,短期总供给曲线会向左移动,从而提高价格水平

36. 用来解释常规总供给曲线向右上方倾斜的理论有(　　　　　)。

　　A. 错觉理论　　　　　　　　　　B. 粘性工资理论

　　C. 粘性价格理论　　　　　　　　D. 刚性价格理论

三、判断题

37. 货币政策不影响总需求曲线的位置,而财政政策通过影响 LM 曲线的位置影响总需求曲线。　　　　　　　　　　　　　　　　　(　　)

38. 股票市场价格上升导致的财富增加,会使经济沿着现存的 AD 曲线移动。

(　　)

39. 凯恩斯认为,价格水平和工资存在向下的刚性,经济恢复一般均衡需要较长时间。　　　　　　　　　　　　　　　　　　　　　　(　　)

40. 在劳动市场上,若一般价格水平的上升幅度大于货币工资的增加幅度,企业就会增加对劳动力的需求。　　　　　　　　　　　　　　(　　)

41. 当一般价格水平上升时,将会使各经济主体收入增加,因此,总需求增加。　　　　　　　　　　　　　　　　　　　　　　　　　　(　　)

42. 短期中,由总需求曲线移动引起的价格水平上升首先导致均衡点在 AS 曲线上的移动。　　　　　　　　　　　　　　　　　　　　(　　)

43. 潜在总产出就是资本要素得到充分利用时的总产出。　　(　　)

44. 长期总供给曲线所表示的总产出是经济中的潜在产出水平。　(　　)

45. 短期总供给曲线和长期总供给曲线都是向右上方倾斜的曲线,区别是斜率不同。　　　　　　　　　　　　　　　　　　　　　　　(　　)

46. 在 $AD-AS$ 模型中,短期均衡是指短期总需求曲线和短期总供给曲线的交点。　　　　　　　　　　　　　　　　　　　　　　　(　　)

四、计算题

47. 考虑如下三部门经济：充分就业产出水平为 800，消费函数 $c=120+0.75y_d$，投资函数 $i=140-10r$，政府购买支出为 100，固定税为 80，名义货币供给 $M=150$，实际货币需求函数 $L=0.25y-8r$。请计算：

(1) IS 方程。

(2) 价格水平 $P=1.25$ 时的 LM 方程。

(3) 价格水平为内生变量时的总需求方程。

48. 某三部门经济:消费函数 $c=60+0.8y_d$,投资函数 $i=50-10r$,货币需求函数 $L=0.5y-10r$,政府购买支出 $g=80$,税收函数 $T=0.25y$,名义货币供应量 $M=200$,充分就业的国民收入为 400。

(1) 若价格水平 $P=2.5$,求 IS 方程和 LM 方程。

(2) 若价格水平 $P=1$,求均衡国民收入和利率水平(保留两位小数)。

(3) 若政府采取调整货币供应量的方式实现充分就业,需要调整的货币供应量是多少?

49. 设总供给函数为 $y_s = 2000 + P$,总需求函数为 $y_d = 2400 - P$。

(1) 求供求均衡时的均衡收入和均衡价格。

(2) 若总需求曲线向左平行移动 10%,求新的均衡收入、均衡价格。

(3) 若总供给曲线向左平行移动 10%,求新的均衡收入、均衡价格。

(4) 请问本题的总供给曲线具有何种形状? 属于何种类型?

50. 某国经济总量生产函数为 $y=10\sqrt{L}$ 。

(1) 求劳动的需求函数。

(2) 用实际工资表示产出。

(3) 如果名义工资为 2,价格水平为 1.5,计算产出水平。

(4) 按照工资黏性模型,假设名义工资固定在 $W=2$,求总供给方程。

51. 某国总产出函数为 $y = 2K^{0.5}N^{0.5}$，其中 y 为实际产出，K 为资本存量总额且 $K = 100$，N 为总劳动数量。

（1）求劳动的需求函数。

（2）用实际工资表示产出。

（3）如果名义工资开始为 4，实际价格水平和预期价格水平均为 1，实际工资目标为 4，计算初始产出水平和充分就业的产出水平。

（4）按照工资粘性模型，假设名义工资固定在 $W = 4$，求总供给方程。

52. 设某封闭经济体内，在劳动市场上，供给函数 $N_s=70+5W/P$，需求函数 $N_d=160-10W/P$，总产出函数 $y=15N-0.01N_2$，投资 $i=300-4\,000r$，消费需求 $c=95+0.75y_d$，税收 $T=100+0.2y$，政府购买 $g=400$。名义货币供给 $M=200$，实际货币需求 $L=0.27-2\,000r$。

（1）求 IS 和 LM 曲线方程以及总需求函数。

（2）假设工资和物价是有充分伸缩性的，求总供给函数。

（3）计算均衡时的产量、价格、工资、利率水平。

（4）若其他条件不变化，货币供给量扩大为 300，则总需求曲线、新的均衡产量、物价、工资、利率如何变化？

五、问答题

53. 请说明总需求曲线向右下方倾斜的原因。

54. 请利用 IS - LM 模型作图推导总需求曲线。

55. 当货币需求的利率系数较大时，总需求曲线较为陡峭。试说明原因。

56. 简述简单凯恩斯模型、IS - LM 模型、AD - AS 模型之间的联系。

57. 说明长期 AS 曲线的推导过程。

58. 论述并比较古典学派和凯恩斯主义的宏观经济理论和政策。

59. 说明总需求曲线变动的因素,并用图表示。

60. 说明总供给曲线变动的因素,并用图表示。

61. 在凯恩斯的总需求-总供给模型中(AS 是具有正斜率特征的曲线),假设经济初始时处于充分就业的均衡状态,请画图说明以下问题:

(1) 在其他条件不变的情况下,原材料的单位实际成本增加,均衡产出和价格水平将发生怎样的变化?

(2) 其他条件不变,如果名义工资具有刚性特征,(1)中的非均衡会怎样调整? 当现在的价格高于原来的均衡价格时,工人能够要求更高的名义工资吗?

(3) 什么样的政策可以用来修正(1)中的不均衡?

62. 国际石油涨价对世界经济产生了重大的影响，请用经济学原理解释其影响机制，并说明影响产生的实际过程。

63. 宏观经济在短期内，有哪几种运行状态？作图表达。

64. 假设一经济的货币数量减少了,用 $AD-AS$ 模型说明:

(1) 短期中价格水平与总产出水平的变动情况。

(2) 长期中价格水平与总产出水平的变动情况。

65. 阅读以下材料:

材料1:近些年中国经济增长放缓,重要的是总需求相对或者绝对收缩,导致了生产增长的可能性边界受到严重的压抑。在西方经济学中,总需求是短期中影响国民总产出最重要的因素。

材料2:2024 年 1-8 月,中国税务部门依托税收大数据,智能匹配优惠政策与适用对象,开展政策精准推送 3.6 亿户(人)次,推送各类税费优惠政策信息5.4亿条,确保结构性减税降费政策扎实落地。

材料3:2024 年,全球多个主要经济体(如中国、美国、欧盟)为刺激经济增长,纷纷推出大规模财政刺激政策,包括基建投资、消费补贴和减税等措施。同时,部分国家出现能源和粮食价格波动,影响企业生产成本。

（1）总需求主要包括哪些内容？减税政策会怎样影响总需求？

（2）哪些因素影响总供给？作图分析能源和粮食价格上涨对经济的影响。

（3）如果政府希望同时促进经济增长并控制通胀，应采取何种政策组合？

第十三章　失业、通货膨胀和经济周期

一、单项选择题

1. 若纺织业工人由于产品积压而失业,则上述的纺织业工人属于(　　)。

   A. 摩擦性失业　　　　　　　　B. 结构性失业

   C. 周期性失业　　　　　　　　D. 永久性失业

2. 以下哪一项是摩擦性失业的例子?(　　)

   A. 张三自行搬迁到圣地亚哥后寻找新的工作

   B. 李四愿意以低于最低工资的工资工作,雇主却不能雇用他

   C. 王五能胜任并且希望能成为一名飞行员,但航空公司认为在飞行员组织确定的工资水平下雇用他并不合适

   D. 赵六愿意接受市场工资水平,但是由于经济不景气,没有工作

3. 以下说法是正确的是(　　)。

   A. 不同群体的失业率不同

   B. 失业率随经济波动而波动

   C. 摩擦性失业率上升不一定是坏事

   D. 以上都对

4. 处于自然失业率水平表示(　　)。

   A. 进入和退出失业队伍的劳动力数量处于均衡

   B. 对物价和工资的预期是正确的

   C. A 和 B 都包括在内

   D. A 和 B 都不是

5. 厂商支付高于市场工资的效率工资时,(　　)。

   A. 经济处在充分就业状态下运行

   B. 存在对劳动力的过剩供给

   C. 不存在非自愿性失业

    D. 劳动力市场在效率工资水平下出清

6. 由于经济萧条而形成的失业属于（　　）。

    A. 摩擦性失业　　　　　　　　　B. 结构性失业

    C. 周期性失业　　　　　　　　　D. 永久性失业

7. 某人由于彩电行业不景气而失去工作，这种失业属于（　　）。

    A. 摩擦性失业　　　　　　　　　B. 结构性失业

    C. 周期性失业　　　　　　　　　D. 永久性失业

8. 某人由于刚刚进入劳动力队伍尚未找到工作，这是属于（　　）。

    A. 摩擦性失业　　　　　　　　　B. 结构性失业

    C. 周期性失业　　　　　　　　　D. 永久性失业

9. 下列选项导致结构性失业减少的是（　　）。

    A. 增加职业培训项目　　　　　　B. 增加失业保险金

    C. 提高最低工资　　　　　　　　D. 以上说法都正确

10. 下列人员哪类不属于失业人员？（　　）

    A. 调动工作的间隙在家休养者

    B. 半日工（半天休息、半天工作）

    C. 季节工暂时待在家里

    D. 对薪水不满意待业在家的大学毕业生

11. 假设奥肯系数为 2，潜在产出水平为 4 000 单位，自然失业率为 4%，实际失业率为 6.5%，那么实际产出水平为（　　）单位。

    A. 3 200　　　　B. 3 400　　　　C. 3 600　　　　D. 3 800

12. 奥肯法则说明了失业率每增加 1%，则实际国民收入减少 3%，这种比例关系（　　）。

    A. 始终不变

    B. 在不同时期会有所不同

    C. 只适用于经济实现充分就业的状况

    D. 以上都不对

13. 某一经济在 5 年中，货币增长速度为 10%，而实际国民收入增长速度为 12%，货币流通速度不变，这 5 年期间价格水平将（　　）。

    A. 上升　　　　　　　　　　　　B. 下降

    C. 不变　　　　　　　　　　　　D. 上下波动

14. 需求拉上的通货膨胀（　　）。

    A. 通常用于描述某种供给因素所引起的价格波动

　　B. 表示经济制度已调整过的预期通货膨胀率

　　C. 通常用于描述某种总需求的增长所引起的价格波动

　　D. 以上都不是

15. 在下列引起通货膨胀的原因中,哪一个最可能是成本推动型通货膨胀的原因?(　　)

　　A. 银行贷款的扩张　　　　　　　B. 预算赤字

　　C. 世界性商品价格的上涨　　　　D. 投资增加

16. 下列各项中,不会引起通货膨胀的是(　　)。

　　A. 进口原材料价格上涨　　　　　B. 银行贷款的扩张

　　C. 工资率上升　　　　　　　　　D. 投资率下降

17. 若某一经济的价格水平在 2020 年为 100,2021 年为 104,2022 年为 106,在 2021 年和 2022 年的通货膨胀率分别是(　　)。

　　A. 4.0%,1.9%　　　　　　　　　B. 3.5%,6.0%

　　C. 3.8%,2.7%　　　　　　　　　D. 4.8%,2.5%

18. 瓶颈部门常会出现(　　)通货膨胀。

　　A. 需求拉上型　　　　　　　　　B. 成本推动型

　　C. 结构性　　　　　　　　　　　D. 隐性

19. 疫情期间,若政府发放消费券导致商品供不应求,引发的通胀属于(　　)。

　　A. 成本推动型　　B. 需求拉上型　　C. 输入型　　　　D. 结构性

20. 菲利普斯曲线说明,数据统计结果显示(　　)。

　　A. 通货膨胀导致失业

　　B. 通货膨胀是由行业工会引起的

　　C. 通货膨胀与失业率之间呈负相关

　　D. 通货膨胀与失业率之间呈正相关

21. 设某一经济体的菲利普斯曲线 $\pi = \pi_{-1} - 0.4(u - 0.06)$,则自然失业率为(　　)。

　　A. 0.4　　　　　　B. -0.4　　　　　C. 恒为零　　　　　D. 0.06

22. "滞涨"理论用菲利普斯曲线表示即(　　)。

　　A. 一条垂直于横轴的菲利普斯曲线

　　B. 一条长期存在的斜率为正的直线

　　C. 短期菲利普斯曲线的不断外移

　　D. 一条不规则曲线

23. 长期菲利普斯曲线说明（　　）。

    A. 政府需求管理政策无效　　　　B. 政府需求管理政策有效

    C. 经济主体存在货币幻觉　　　　D. 自然失业率可以变动

24. 如果名义利率是 10%，通货膨胀率是 20%，则实际利率是（　　）。

    A. 10%　　　　　B. −10%　　　　C. 30%　　　　D. −30%

25. 已知充分就业的国民收入是 2 000 亿元，实际国民收入是 1 980 亿元，边际消费倾向是 0.8，在增加 20 亿元的投资后，将发生（　　）。

    A. 需求不足的通货膨胀　　　　B. 结构性通货膨胀

    C. 成本推进的通货膨胀　　　　D. 需求拉上的通货膨胀

26. 抑制需求拉上的通货膨胀，应该（　　）。

    A. 降低工资　　　　　　　　　B. 减税

    C. 控制货币供给量　　　　　　D. 解除托拉斯组织

27. 应付需求拉上的通货膨胀的方法是（　　）。

    A. 收入政策　　　　　　　　　B. 紧缩的财政政策

    C. 扩张的财政政策　　　　　　D. 以上都不正确

28. 假如经济发生了严重的通货膨胀，受害者将是（　　）。

    A. 债权人　　　　　　　　　　B. 退休金领取者

    C. 债务人　　　　　　　　　　D. 答案 A 和 B 所指的人

29. 根据菲利普斯曲线，降低失业率的办法是（　　）。

    A. 减少货币供应量　　　　　　B. 增加货币供应量

    C. 增加税收　　　　　　　　　D. 减少政府购买

30. 导致经济周期性波动的投资主要是（　　）。

    A. 存货投资　　　　　　　　　B. 固定资产投资

    C. 意愿投资　　　　　　　　　D. 重置投资

31. 乘数原理和加速原理的联系在于（　　）。

    A. 前者说明投资的变化对国民收入的影响，后者说明国民收入的变化对投资产生影响

    B. 两者都说明了投资是怎样产生的

    C. 前者解释了经济如何走向繁荣，后者说明了经济怎样陷入萧条

    D. 前者解释了经济如何走向萧条，后者说明了经济怎样走向繁荣

32. 下列哪种说法正确表达了加速原理？（　　）

    A. 投资的变化引起国民收入数倍变动

    B. 消费支出随着投资变动而数倍变动

C. 投资的变动引起国民收入增长率数倍变动

D. 消费需求的变动引起投资数倍变动

33. 根据投资的加速数模型（　　）。

A. 投资与 GDP 成比例

B. 投资的波动与 GDP 的波动成比例

C. 投资的波动与 GDP 成比例

D. 投资与 GDP 的波动成比例

34. 建立在建筑业周期上的经济周期是（　　）。

A. 基钦周期　　　　　　　　　B. 朱格拉周期

C. 康德拉季耶夫周期　　　　　D. 库兹涅茨周期

35. 下列哪一项属于经济发展中的长周期？（　　）

A. 库兹涅茨周期　　　　　　　B. 康德拉季耶夫周期

C. 基钦周期　　　　　　　　　D. 朱格拉周期

二、多项选择题

36. 工资刚性形成的原因包括（　　）。

A. 最低工资法　　　　　　　　B. 效率工资理论

C. 工会的垄断力量　　　　　　D. 长期劳动合同

37. 通货膨胀的成因包括（　　）。

A. 货币超发　　　　　　　　　B. 工资—价格螺旋

C. 国际能源价格上涨　　　　　D. 技术革命

38. 附加预期的菲利普斯曲线表明（　　）。

A. 当实际通胀率超过预期通胀率时，总产出小于潜在产出，失业率高于自然失业率水平

B. 当实际通胀率超过预期通胀率时，总产出大于潜在产出，失业率低于自然失业率水平

C. 当实际通胀率等于预期通胀率时，总产出等于潜在产出，失业率等于自然失业率水平

D. 菲利普斯曲线和总供给曲线是"一枚硬币的两面"

39. 自然失业包括（　　）。

A. 摩擦性失业　　　　　　　　B. 结构性失业

C. 周期性失业　　　　　　　　D. 自愿性失业

40. 关于菲利普斯曲线，下列说法正确的是（　　）。

A. 原始曲线表明了失业率与通货膨胀率的反向变动关系

B. 短期曲线表明政府采用需求管理的措施能够解决失业或通货膨胀问题

C. 货币主义认为短期政府政策有效

D. 理性预期下的政府政策无效

三、判断题

41. 因不满工资待遇而不愿就业属于自愿失业。 （ ）

42. 摩擦性失业是一种自愿失业。 （ ）

43. 实行适当的经济政策可以消除摩擦性失业。 （ ）

44. 充分就业意味着失业率为零。 （ ）

45. 消费物价指数、批发物价指数和 GDP 平减指数的变化方向和变化幅度是一致的。 （ ）

46. 恶性通货膨胀可能是由于产出增长过快引起的。 （ ）

47. 未预期到的通货膨胀会引起收入的再分配。 （ ）

48. 没有预料到的通货膨胀有利于债务人，不利于债权人。 （ ）

49. 只有不存在任何失业时，经济才实现了充分就业。 （ ）

50. 通货膨胀时时处处是一种货币现象。 （ ）

51. 其他条件相同的情况下，通货膨胀率越高，未来收益的现值越低。 （ ）

52. 由于石油价格上涨带动物价上涨，将导致需求拉上的通货膨胀。 （ ）

53. 通货紧缩比通货膨胀更容易导致银行系统出现大面积坏账。 （ ）

54. 在长期总供给水平，由于生产要素得到了充分利用，因此，经济中不存在失业。 （ ）

55. 奥肯定律意味着失业率降低 1%，将会导致通货膨胀率上升 3%。 （ ）

56. 适应性预期学派认为长期和短期的菲利普斯曲线完全相同。 （ ）

57. 假设某菲利普斯曲线为 $\pi = \pi_{-1} - 0.75(\mu - 5\%)$，要使得通货膨胀率下降 9 个百分点，则需要使得失业率提高 12%。 （ ）

58. 加速数原理的含义是国内生产总值的增加导致资本需求曲线右移。 （ ）

59. 加速数指投资增减会引起收入更大幅度增减。 （ ）

60. 实际经济周期理论认为技术的冲击是经济波动的源泉。 （ ）

四、计算题

61. 已知生产函数 $y = 100N - 0.3N^2$，劳动供给函数 $W = P^e \times (20 + N)$。其中 P^e 表示对价格的预期，预期的函数形态为 $P^e = 0.8 + 0.2P$，试求：

（1）当 $P = 1$ 时的就业量和产量。

（2）假设名义工资不得低于 79 元，则当 $P = 1$、$W = 79$ 时的就业量、产量和失业人口各为多少？

62. 若某一经济价格水平 2017 年为 101.6，2018 年为 102.1，2019 年为 102.9。

（1）问 2018 年和 2019 年通货膨胀率各是多少？

（2）若人们对 2020 年的通货膨胀率预期是按前两年通货膨胀率的算术平均来形成。设 2020 年的利率为 6%，问该年的实际利率为多少？

63. 某国的失业率与 GDP 之间的关系满足奥肯定律：$\dfrac{Y-Y^*}{Y^*}=-3(u-u^*)$，其中，$u$ 是失业率，u^* 是自然失业率，Y 是 GDP，Y^* 是潜在 GDP。又假定 2021 年、2022 年、2023 年和 2024 年的失业率分别为 5%、4%、3% 和 6%。求：

（1）当自然失业率为 6% 时，2021—2024 年各年失业率所对应的 GDP 缺口。

（2）比较四年中实际 GDP 与潜在 GDP 的关系。

（3）若 2023 年的实际 GDP 为 3 000 万亿美元，计算当年的潜在 GDP 水平。

64. 某国的菲利普斯曲线 $\mu=\mu^{*}-h(\pi-\pi^{e})$，其中，$\mu$ 为实际失业率，μ^{*} 为自然失业率，h 为参数，π 为通货膨胀率，π^{e} 为预期通货膨胀率。政府为兼顾通货膨胀和失业两个目标，设计了一个评价函数：$g(\mu,\pi)=\mu+\alpha\pi^{2}$，政府以该函数极小化为目标，求最佳失业率和通货膨胀率水平。

65. 假设经济由如下三个式子来描述：总需求状况为 $gy_{t}=gm_{t}-\pi_{t}$，菲利普斯曲线为 $\pi_{t}-\pi_{t-1}=-0.8(\mu_{t}-4\%)$；奥肯定律为 $\mu_{t}-\mu_{t-1}=-0.4(gy_{t}-3\%)$，其中，$gy_{t}$ 为产出增长率，gm_{t} 为货币供给增长率，π_{t} 为通货膨胀率，μ_{t} 为失业率。求：

(1) 经济的自然失业率是多少？

(2) 假设失业率等于自然失业率，通货膨胀率为 8%，产出增长率是多少？货币供给增长率是多少？

（3）假设政府要把通货膨胀率从第一年的 8% 降到第二年的 4%，求第二年的实际失业率并计算牺牲率。

66. 假设一经济的菲利普斯曲线为：$\pi = \pi_{-1} - 0.4(\mu - 0.05)$。其中，$\pi$ 为通货膨胀率，π_{-1} 为前一期的通货膨胀率，μ 为失业率。求：

（1）自然失业率是多少？

（2）请根据此方程，画出短期和长期的菲利普斯曲线。

（3）要增加多少的失业率才能减少 4% 的通货膨胀率？

（4）假设目前的通货膨胀率高达 9%，而央行想要在三年内将其降至 3%，请问每年的失业率要控制在多少才能达成此目标？

五、简答题

67. 简述失业的类型，并分析平台经济对失业的影响。

68. 简述充分就业、自然失业的含义，并分别说明决定因素。

69. 通货膨胀有哪些类型？形成通货膨胀的原因有哪些？

70. 利用 $AD - AS$ 模型,区分需求拉上型和成本推动型这两种不同的通货膨胀类型以及政策选择?

71. 简述通货膨胀的成本有哪些?

72. 简述菲利普斯曲线有哪几种表达方式？结合图形说明其含义。

73. 什么是修正的菲利普斯曲线？请结合图形说明它的政策应用价值。

74. 什么是附加预期的菲利普斯曲线？什么是长期菲利普斯曲线？结合图形说明各自的政策含义。

75. 经济中达到一般均衡是否意味着充分就业？为什么追求高就业目标会导致通货膨胀？

76. 如果能源价格上涨导致通货膨胀,试说明该通货膨胀的形成机制及后果。

77. 什么是通货紧缩? 通货紧缩的影响有哪些?

78. 什么是停滞膨胀(滞胀)？形成停滞膨胀的原因(解释)有哪些？如何解决停滞膨胀问题？

79. 什么是经济周期？它有哪些主要特征？

80. 简述乘数—加速数模型,并说明模型的经济含义。

81. 请结合图形分析成本推动型通货膨胀是如何产生的,并进一步举例说明哪些情况可能导致成本推动型通货膨胀。

六、分析论述题

82. 目前，失业问题已成为我国社会非常关注的焦点问题之一。请分析中国当前这方面的情况及原因，并讨论政府应采取的相应对策。

83. 什么是通货膨胀？按照相关的西方宏观经济理论说明，在通货膨胀时期，政府采用怎样的财政政策和货币政策？并结合我国当前的实际，谈谈你对这一问题的认识。

第十四章　开放条件下的宏观经济

一、单项选择题

1. 对欧元和美元两种货币来说，如果欧元的汇率上升，美元的汇率将（　　）。

  A. 上升   B. 下降

  C. 不一定，尚需考虑其它因素   D. 两者之间没有关系

2. 对于一个实行浮动汇率制的小型开放国家而言，如果同时存在国际收支赤字和国内经济衰退，那么，最优的政策是（　　）。

  A. 扩张性货币政策   B. 扩张性财政政策

  C. 紧缩性货币政策   D. 紧缩性财政政策

3. 在外汇市场中，下列各方中（　　）是美元的需求者。

  A. 进口国外商品的美国厂商   B. 向美国慈善性捐款的外国人

  C. 到国外旅游的美国人   D. 获得美国公司股息的外国人

4. 在外汇市场中，下列各方中（　　）是英镑的供给者。

  A. 购买美国股票的英国人   B. 到英国旅游的美国人

  C. 进口英国商品的美国人   D. 得到美国人捐款的英国人

5. 日元对美元升值，将导致（　　）。

  A. 美元对日元的升值

  B. 提高日本市场上美国商品的价格

  C. 美国增加对日本商品的进口，减少对日本商品的出口

  D. 对日元需求量的减少，对美元需求量的增加

6. 如果本国货币升值，可以使（　　）。

  A. 本国的进口和出口都增加   B. 本国的出口增加，进口减少

  C. 本国的进口增加，出口减少   D. 本国的进口和出口都减少

7. 下列哪一项能引起美元升值？（　　）。

  A. 外国对美国的出口需求上升

    B. 美国的进口需求上升

    C. 美国实施扩张性货币政策

    D. 美国实施紧缩性财政政策

8. 决定短期国际间资本流动的主要因素是各国的（　　　）。

    A. 收入水平　　　　　　　　　B. 利率水平

    C. 价格水平　　　　　　　　　D. 净出口

9. 政府采取紧缩性的财政和货币政策后,对本国的国内外均衡会产生一定的影响,下列哪项所述的影响是不可能出现的?（　　　）

    A. 国内失业率上升　　　　　　B. 国际收支状况恶化

    C. 资本外流减少　　　　　　　D. 投资减少

10. 在开放经济的蒙代尔-弗莱明模型中,如果某小国实施固定汇率制,资本完全自由流动,则削减政府购买支出将（　　　）。

    A. 使 IS^* 曲线左移,LM^* 曲线保持不动

    B. 首先使 IS^* 曲线左移,然后由于净出口减少使 IS^* 曲线右移回到原来位置

    C. 首先使 IS^* 曲线左移,然后由于央行被迫紧缩货币供给量,LM^* 曲线左移

    D. 由于资本的流入导致货币供给量增加

11. 一个实行浮动汇率制的小型开放经济,在经济面临衰退时,可通过（　　　）政策缓解经济衰退。

    A. 增加政府购买　　　　　　　B. 减少税收

    C. 增加财政对个人的转移支付　D. 增加货币供给

12. 在固定汇率制下,以间接标价法表示,若均衡汇率小于固定汇率,则下列哪一项是错误的?（　　　）

    A. 中央银行将允许货币供给减少,以保证均衡汇率等于所宣布的汇率。

    B. 套利者会在外汇市场将本币换成外币,再把外币卖给央行,以从中套利。

    C. 套利者会在外汇市场将外币换成本币,再把本币卖给央行,以从中套利。

    D. 由于套利者的行为,货币供给会自动减少。

13. A 国由于自身劳动生产率较高而出现国际收支盈余,假设 A 国国内经济处于均衡状态,要使该国经济总体恢复平衡,最适合采用下列哪项宏观调节政策?（　　　）

  A. 紧缩性财政政策

  B. 紧缩性货币政策

  C. 扩张性财政政策与紧缩性货币政策

  D. 本币升值

14. 假设美国的通货膨胀率为 10％,英国的通货膨胀率为 12％,若美元对英镑的名义汇率升值了 5％,那么,美元对英镑的实际汇率升值了（　　）。

  A. 3％   B. 7％   C. 15％   D. 25％

15. 若汇率自由浮动,在政府不加干预的情况下,若国内收入增加,（　　）。

  A. 将导致对该国货币需求的增加而使货币升值

  B. 该国进口将增加,国际收支出现赤字而使货币贬值

  C. 将缩减对国内外商品的消费,使国际收支有所改善

  D. 以上答案都不正确

16. 对于一个国际收支平衡的国家,如果净出口为正,那么下列陈述中哪一项是错误的?（　　）

  A. 国内产出大于国内支出   B. 国内储蓄大于国内投资

  C. 资本净流出为正   D. 存在贸易赤字

17. 在下面哪一种经济体中,货币政策将会对产出产生最大的影响?（　　）

  A. 固定汇率的小型开放经济

  B. 浮动汇率的小型开放经济

  C. 固定汇率的大型开放经济

  D. 封闭经济

18. 如果 5 元人民币交换 1 美元,美国的价格水平是 1 美元每单位产品,中国的价格水平是 2 元人民币每单位产品。那么,中国产品和美国产品间的实际汇率是（　　）中国产品每单位美国产品。

  A. 0.5   B. 2.5   C. 5   D. 10

19. 其他条件不变时,下列哪一项一定会导致一国的净出口减少?（　　）

  A. 本币贬值和国民收入下降

  B. 本币贬值和国民收入提高

  C. 本币升值和国民收入下降

  D. 本币升值和国民收入提高

20. 在所谓的小型开放经济中,“小型”是指（　　）。

  A. 这个国家的经济活动对世界利率的影响微不足道,是世界利率的接   受者

　　B. 人口很少

　　C. 国土面积小

　　D. GDP 总量小

21. 在四部门经济中,若投资、政府购买、税收、出口和进口都增加,则均衡收入(　　　)。

　　A. 必然增加　　　　　　　　B. 不变

　　C. 必然减少　　　　　　　　D. 不能确定

22. 根据蒙代尔-弗莱明模型,在固定汇率制下(　　　)。

　　A. 财政政策无效　　　　　　B. 货币政策无效

　　C. 财政政策中立　　　　　　D. 货币政策有效

23. 在资本可以流动的小型开放经济中,紧缩性货币政策会导致(　　　)。

　　A. 产出下降和本国货币升值　　B. 产出上升和本国货币贬值

　　C. 产出上升和本国货币升值　　D. 产出下降和本国货币贬值

二、多项选择题

24. 实际汇率受到下列哪些因素的影响?(　　　　　)

　　A. 本国物价　　　　　　　　B. 外国物价

　　C. 名义汇率　　　　　　　　D. 国民收入

25. 人民币对美元升值,对下列哪些活动有促进作用?(　　　　)

　　A. 中国人赴美国旅游　　　　B. 美国人赴中国旅游

　　C. 中国进口美国商品　　　　D. 中国企业对美国直接投资

26. 在资本完全流动情况下,如果某小国实施固定汇率制,则(　　　　)。

　　A. 财政政策有效　　　　　　B. 货币政策有效

　　C. 财政政策无效　　　　　　D. 货币政策无效

27. 在资本完全流动情况下,如果某小国实施浮动汇率制,则(　　　　)。

　　A. 财政政策有效　　　　　　B. 货币政策有效

　　C. 财政政策无效　　　　　　D. 货币政策无效

28. 哪些因素会导致人民币对美元贬值?(　　　　)

　　A. 中国对美国出口下降

　　B. 美国对中国出口增加

　　C. 更少美国企业到中国投资

　　D. 更少中国人购买纽约证交所的股票

29. 汇率有哪两种标价方法?(　　　　)

A. 直接标价法,用一单位外国货币的本国货币的买价表达

B. 间接标价法,用一单位外国货币的本国货币的买价表达

C. 间接标价法,用一单位本国货币的外国货币的买价表达

D. 直接标价法,用一单位本国货币的外国货币的买价表达

三、判断题

30. 以一单位美元兑换的日元标价,如果美元对日元的汇率上升,那么,美元就升值了。　　　　　　　　　　　　　　　　　　　　　　（　　）

31. 一国的净出口为零意味着该国为封闭经济体。　　　　　　（　　）

32. 假设英镑对美元的名义汇率是 2 美元/英镑,如果巨无霸汉堡包在美国的价格是 2 美元,而在英国的价格是 2 英镑,那么,实际汇率就是每个美国巨无霸汉堡包为 1/4 英镑巨无霸。　　　　　　　　　　　　　　　　（　　）

33. 在其他条件不变的情况下,一国实际利率上升增加了资本净流出。
　　　　　　　　　　　　　　　　　　　　　　　　　　　　　　（　　）

34. 若其他条件不变,日元对美元升值将导致美国减少对日本商品的进口,增加对日本商品的出口。　　　　　　　　　　　　　　　　　　（　　）

35. 中国净出口增加将提升外汇市场上的人民币需求,导致人民币升值。
　　　　　　　　　　　　　　　　　　　　　　　　　　　　　　（　　）

36. 蒙代尔-弗莱明模型表明,在资本完全流动的条件下,货币政策在浮动汇率制下的作用较小。　　　　　　　　　　　　　　　　　　　（　　）

37. 根据三元悖论,资本自由流动、独立的货币政策和固定汇率制这三者不可能同时实现。　　　　　　　　　　　　　　　　　　　　　　（　　）

38. 人民币对美元的汇率基本固定在 1∶6.2 左右,可见我国实行的是固定汇率制。　　　　　　　　　　　　　　　　　　　　　　　　　（　　）

39. 美国的利率越高,汇率就越朝着美元贬值的方向变化。如此的话,人们就不愿意投资美国的债券。　　　　　　　　　　　　　　　　　（　　）

40. 扩张性财政政策在固定汇率制下要比在浮动汇率制下更有效。（　　）

41. 在浮动汇率制下,要改变一个国家的国际收支逆差以及国内失业率高于自然失业率的状况,应对采取扩张性财政政策。　　　　　　　　（　　）

42. 若一国货币长期以来不断升值,那么,该国将处于不利地位。（　　）

43. 对于开放经济而言,固定汇率制不利于货币政策的实施。　（　　）

44. 小型开放经济的利率是可以自主灵活调整的。　　　　　　（　　）

四、计算题

45. 在一个小国模型中,不考虑价格变化(价格水平为 1)。假设货币需求函数 $L=0.2y-10r$,货币供给 $m=200$,消费函数为 $c=60+0.8y_d$,税收 $t=100$,投资函数为 $i=150-20r$,政府购买支出 $g=100$,贸易平衡。

(1) 求在封闭条件下均衡的国民收入、利率和投资。

(2) 若该国资本完全自由流动,当世界市场利率为 1.5% 时,均衡的国民收入为多少?

(3) 在开放条件下(资本自由流动),当政府购买支出从 100 增加到 120 时,均衡的国民收入怎样变动?"挤出效应"是多少?

46. 考虑以下小型开放经济：$y=c+i+g+nx$，其中 $y=5\,000$，$g=1\,000$，$t=1\,000$，$c=250+0.75(y-t)$，$i=1\,000-50r$，$nx=500-500\varepsilon$。ε 为汇率，r 与 r_w 分别为国内、国际利率，$r_w=5$。

(1) 求投资、贸易余额与均衡汇率。

(2) 如果政府购买增加至 $1\,250$，求投资、贸易余额与均衡汇率，并与第(1)问对比，解释你的结果。

47. 假设某国经济由下述方程描述：

$y=c+i+g+x-m$，$c=75+0.5y$，$i=250-600r+0.1y$，$M/P=0.2y-400y$，$nx=500-0.1y-100(e*P/P_f)$，$CF=125-200r$

其中，政府支出 g 为 750，名义货币供给 M 为 600，假设其他国家的价格水平 P_f 始终为 1。

(1) 推导总需求曲线的代数表达式。

(2) 若本国价格水平 $P=1$，求由模型所决定的国民收入、利率、名义汇率、净出口、消费和投资。

(3) 在本国价格水平 $P=1$ 时，若政府购买支出 g 增加到 950，这将对收入、利率、净出口和名义汇率产生什么影响？

(4) 在本国价格水平 $P=1$ 时，若名义货币供给 M 增加到 800，这将对收入、利率、净出口和名义汇率产生什么影响？

(5) 若名义汇率与(2)小题结果一样，名义货币供给 M 增加到 800，本国价格水平如何变化？

五、问答题

48. 画图说明自由浮动汇率制度下均衡汇率是如何决定的。

49. 写出净出口函数和资本净流出函数,简要分析净出口为何等于资本净流出。

50. 简述蒙代尔-弗莱明模型。

51. 在短期模型中,比较小型开放经济与封闭经济中紧缩性财政政策的效果与传导机制。

52. 在固定汇率制度下,哪些因素会造成本国的货币升值压力? 根据你学到的经济学知识,分析人民币如果升值可能对本国经济和其他国家经济造成的影响。

53. 在短期模型中,比较开放条件和封闭条件下扩张性货币政策传导机制、对总需求及其组成部分影响的差异。

54. 试用资本完全流动的蒙代尔-弗莱明模型讨论固定汇率制与浮动汇率制下的财政政策效应。

55. 试用资本完全流动的蒙代尔-弗莱明模型讨论固定汇率制与浮动汇率制下的货币政策效应。

56. 汇率变动和净出口变动之间怎么相互影响?

57. 在一个开放经济中,消费者对经济增长信心下降。用浮动汇率制度下的蒙代尔-弗莱明模型画图说明该变化对产出、汇率、利率及贸易余额的短期影响。

58. 当一国经济同时处于通货膨胀和国际收支赤字状态时,应当采取什么样的政策措施来调整?

第十五章　宏观经济政策

一、单项选择题

1. 一国的货币供给增加 10 亿,在哪种情况下,均衡国民收入增加最多?（　　）
   A. LM 曲线和 IS 曲线都陡峭　　B. LM 曲线陡峭,IS 曲线平缓
   C. LM 曲线和 IS 曲线都平缓　　D. LM 曲线平缓,IS 曲线陡峭

2. 下列哪种情况中,增加货币供给不会影响均衡国民收入?（　　）
   A. LM 曲线陡峭,IS 曲线平缓　　B. LM 曲线和 IS 曲线一样陡峭
   C. LM 曲线平缓,IS 曲线垂直　　D. LM 曲线和 IS 曲线一样平缓

3. 增加政府购买支出使 IS 曲线右移,若要使均衡国民收入的变动接近于 IS 曲线的移动的水平距离,则必须（　　）。
   A. LM 曲线平缓,IS 曲线陡峭　　B. LM 曲线和 IS 曲线一样陡峭
   C. LM 曲线和 IS 曲线一样平缓　　D. LM 曲线陡峭,而 IS 曲线平缓

4. 税收减免加紧缩的货币政策,如 20 世纪 80 年代早期美国所采用的政策,将导致（　　）。
   A. 实际利率上升和投资下降　　B. 实际利率下降和投资上升
   C. 实际利率和投资都上升　　D. 实际利率和投资都下降

5. 在哪种情况下会产生挤出效应?（　　）
   A. 货币供给的下降提高利率,从而挤出了对利率敏感的私人支出
   B. 税收的增加引起私人部门可支配收入和支出的下降
   C. 政府支出增加使利率提高,从而挤出了私人部门的支出
   D. 政府支出的下降导致消费支出的下降

6. 其他条件不变,哪种情况下挤出效应最大?（　　）
   A. $d=0$　　B. $0<d<\infty$
   C. $d=\infty$　　D. 以上三种情况都不可能

7. 在哪种情况下,挤出效应更大?（　　）

A. 货币需求对利率变化更敏感,投资对利率变化也更敏感

B. 货币需求对利率变化不敏感,投资对利率变化也不敏感

C. 货币需求对利率变化更敏感,投资对利率变化不敏感

D. 货币需求对利率变化不敏感,投资对利率变化更敏感

8. 下列哪种情况不会提高均衡国民收入?(　　)

　　A. 增加政府购买支出　　　　　　B. 增加货币供给量

　　C. 增加政府转移支付　　　　　　D. 增加净税收

9. 当其他条件不变时,增加净税收,重新达到均衡时,会引起(　　)。

　　A. 国民收入增加　　　　　　　　B. 国民收入减少

　　C. 国民收入不变　　　　　　　　D. 以上情况都有可能发生

10. 若政府购买支出增加与政府转移支付减少相同的数量,均衡国民收入水平会(　　)。

　　A. 不变　　　　　B. 增加　　　　　C. 减少　　　　　D. 无法判断

11. 如果所得税率保持不变,政府预算最初是平衡的。在其他条件不变的情况下,自发投资增加将使政府预算(　　)。

　　A. 仍保持平衡　　　　　　　　　B. 出现盈余

　　C. 出现赤字　　　　　　　　　　D. 以上三种情况都有可能

12. 假定政府有意识地在繁荣期间实施紧缩性财政政策,而在萧条期间实施扩张性财政政策,并利用繁荣期的财政盈余弥补萧条期的财政赤字,则上述方式的政策称为(　　)。

　　A. 增长性财政政策　　　　　　　B. 平衡预算的财政政策

　　C. 补偿性财政政策　　　　　　　D. 扩张性财政政策

13. 财政政策制度的自动稳定器一般不包括(　　)。

　　A. 企业营业税的变化　　　　　　B. 个人所得税的变化

　　C. 个人遗产税的变化　　　　　　D. 农产品价格的变化

14. 公开市场业务是指(　　)。

　　A. 商业银行的信贷活动

　　B. 商业银行在市场买卖政府债券改变货币供给量

　　C. 中央银行增减面向商业银行的贷款

　　D. 中央银行在市场买卖政府债券以改变货币供给量

15. 对应于凯恩斯区域,(　　)。

　　A. 货币政策更有效　　　　　　　B. 财政政策与货币政策有同等效

　　C. 财政政策更有效　　　　　　　D. 财政政策与货币政策都无效

16. 当经济陷入严重衰退时,不应当采取的政策是(　　)。

　　A. 央行提高法定存款准备金率　　　B. 央行买入国债

　　C. 政府减少税收　　　　　　　　　D. 政府增加购买支出

17. 和财政政策相比,货币政策的不利之处是(　　)。

　　A. 政策效果更容易预期　　　　　　B. 对经济的影响更直接

　　C. 政策决策实施周期短　　　　　　D. 对经济的影响更间接

18. 根据 IS-LM 模型,扩张性财政政策通常使收入增加,但是(　　)。

　　A. 它只有与货币政策结合才可能

　　B. 如果经济处于流动性陷阱,结果将不同

　　C. 利率将上升,导致储蓄水平下降

　　D. 产出构成会发生变动

19. 下列引起 LM 曲线向左移动的因素是(　　)。

　　A. 投资需求增加　　　　　　　　　B. 政府购买减少

　　C. 中央银行降低准备金率　　　　　D. 政府回购国债

20. 如果现金存款比为 0.5,存款准备金率为 0.1,那么,货币乘数为(　　)。

　　A. 0.6　　　　　　B. 1.67　　　　　　C. 2.0　　　　　　D. 2.5

21. 其他条件不变,哪种情况下,降低再贴现率能使均衡国民收入增加最多?(　　)

　　A. LM 曲线和 IS 曲线都陡峭　　B. LM 曲线陡峭,IS 曲线平缓

　　C. LM 曲线和 IS 曲线都平缓　　D. LM 曲线平缓,IS 曲线陡峭

22. 货币乘数的大小取决于(　　)。

　　A. 货币供给量　　　　　　　　　　B. 银行利息率

　　C. 法定存款准备金率　　　　　　　D. 税率

23. 在下列针对中央银行资产项目的变动中,导致准备金减少的是(　　)。

　　A. 中央银行给存款机构贷款增加

　　B. 中央银行出售证券

　　C. 向其他中央银行购买外国通货

　　D. 中央银行代表财政部购买黄金,增加储备

24. 哪种政策配合会使利率上升,收入的变化则不确定?(　　)

　　A. 松财政政策与松货币政策　　　　B. 紧财政政策与紧货币政策

　　C. 松财政政策与紧货币政策　　　　D. 紧财政政策与松货币政策

25. 坚持货币政策操作应该"相机抉择"的是(　　)。

　　A. 货币学派　　　B. 凯恩斯学派　　　C. 理性预期学派　　D. 古典学派

二、多项选择题

26. 下列哪些情况能够增强货币政策效果？（　　　　　）
    A. 投资对利率更加敏感　　　　　B. 边际消费倾向变小
    C. 货币需求对利率更敏感　　　　D. 货币需求对利率更加不敏感

27. 下列哪些情况能够增强财政政策效果？（　　　　　）
    A. 投资对利率更加不敏感　　　　B. 投资对利率更加敏感
    C. 货币需求对收入更加不敏感　　D. 货币需求对利率更加敏感

28. 下列哪些属于政府转移支付？（　　　　　）
    A. 最低生活保障金　　　　　　　B. 农业补贴
    C. 机关办公用品支出　　　　　　D. 国防建设支出

29. 经济中存在失业时，应采取的政策措施是（　　　　　）。
    A. 增加政府支出　　　　　　　　B. 降低个人所得税
    C. 增加货币发行量　　　　　　　D. 降低公司所得税

30. 下列哪些工具能够起到"自动稳定器"的作用？（　　　　　）
    A. 利率　　　　B. 政府购买支出　C. 失业救济　　D. 个人所得税

31. 中央银行的职能包括（　　　　　）。
    A. 代理国库　　　　　　　　　　B. 制定货币政策
    C. 向公众发放贷款　　　　　　　D. 保管商业银行的准备金

32. 下列哪些属于财政政策工具？（　　　　　）
    A. 税收　　　　　　　　　　　　B. 工资
    C. 政府购买支出　　　　　　　　D. 货币供应量

33. 政府宏观经济调控的目标包括（　　　　　）。
    A. 物价稳定　　　　　　　　　　B. 充分就业
    C. 经济稳定增长　　　　　　　　D. 减少外部效应

34. 财政政策和货币政策都是通过影响以下哪些因素进而影响总需求的？
（　　　　　）
    A. 利率　　　　B. 消费　　　　C. 投资　　　　D. 价格

35. 以下混合政策效应正确的有（　　　　　）。
    A. 扩张性财政政策和紧缩性货币政策使利率下降
    B. 紧缩性财政政策和紧缩性货币政策使产出减少
    C. 紧缩性财政政策和扩张性货币政策使利率上升
    D. 扩张性财政政策和扩张性货币政策使产出增加

三、判断题

36. 中央政府每年都应保持预算平衡,使得政府支出等于税收。　　（　　）

37. *IS* 曲线越平缓,*LM* 曲线越陡峭,则财政政策的效果就越差。（　　）

38. 货币供给量的多少完全取决于中央银行,与商业银行无关。（　　）

39. 其他条件不变,如中央银行买入国债,会使货币供给量增加。（　　）

40. "自动稳定器"能够抑制所有的经济波动,维持经济稳定。　（　　）

41. 企业投资对于利率变化越敏感,财政政策效果就越小。　（　　）

42. 若中央银行在政府减税的同时减少货币供给,利率必然上升。（　　）

43. 扩张性财政政策对经济的影响是缓和了经济萧条,减轻了政府债务。

（　　）

44. 宏观经济政策的效果能够在很短时间内全部发挥出来。　（　　）

45. 提高再贴现率和准备金率都可以减少货币供给量。　　（　　）

46. 如果中央银行希望降低利率,则需要在公开市场上出售政府债券。（　　）

47. 凯恩斯学派认为,要对付经济萧条,财政政策比货币政策更有效。（　　）

48. 宏观经济政策的目标之一是使失业率下降到自然失业率之下。（　　）

49. 直升机撒钱是一种政府用发行货币为债务融资的方法。　（　　）

50. 巴罗-李嘉图等价定理说明扩张性财政政策会显著刺激总需求。（　　）

四、计算题

51. 设某国当前存在 75 亿元的预算赤字,边际消费倾向为 0.8,税率为 0.25。为了降低通货膨胀率,政府准备减少支出 200 亿元,试分析这一支出的减少能否消灭赤字?

52. 假设在货币市场上,货币交易需求函数为 $L_1 = 0.25y$。货币投机需求函数为 $L_2 = 10\,000/(r-2) - 1\,000$,其中 $2 < r \leqslant 12$。货币供给 $M = 11\,000$。试求:

(1) $y = 40\,000$ 时的货币需求函数。

(2) 判断 $r = 12$ 是否为均衡利率? 若不是,利率将如何调整?

(3) 要使 $r = 6$ 为均衡利率,收入应该是多少?

53. 考虑一个两部门经济：货币需求为 $L=0.2y-4r$，货币供给为 200，$c=100+0.8y$，$i=150$。

（1）求 IS 和 LM 方程，画出图形。

（2）求均衡收入、利率、消费和投资。

（3）货币供给增加 20 单位而货币需求不变，判断利率和均衡收入的变化。

54. 下列等式描绘了一个经济体: $c=0.8(1-t)y$, 税率 $t=0.25$, $i=900-50r$, $g=500$, $L=0.25y-62.5r$, 通货 $C_u=150$, 准备金 $R_E=100$, 通货存款比率 $c_u=0.2$, 准备金率 $r_e=0.1$, $P=2$。

(1) 计算均衡收入和均衡利率。

(2) 现在政府要改变需求的构成, 减少消费 100、增加投资 100, 从而保持当前的收入水平不变。请问: 需要什么样的政策组合? 用 IS-LM 曲线模型表示你的建议, 并计算出需调整的政策变量变化量是多少。

(3) 假设充分就业的收入水平为 4 000, 政府准备采用扩张性政策以实现充分就业。请问: 若单独采用扩张财政政策, 需增加多少政府购买? 若单独实施货币政策, 货币供应量变动多少? 若采用扩张财政政策的同时, 采用适应性货币政策, 保证利率保持不变, 政府购买支出和名义货币供给的变化量分别是多少?

55. 总准备金 $R = 4\,800$ 亿元,法定准备金率 $r = 0.12$,不考虑超额准备金,市场对货币的需求 $C_u = 2\,000$ 亿元,不考虑现金存款比率。

（1）求货币供给 M。

（2）中央银行将法定准备金率定为 15%,求货币供给的变化量 ΔM。

（3）中央银行再卖出 30 亿元政府债券(保持法定准备金率 15% 不变),求货币供给的变化量 ΔM。

56. 假定 $c=100+0.8y_d$,投资为 50,政府购买支出 200,政府转移支付为 62.5,税率为 0.25。求:

(1) 均衡收入;

(2) 预算盈余 BS;

(3) 若投资增加到 100,预算盈余有何变化,为什么会发生这一变化?

(4) 若充分就业国民收入为 1 200,当投资分别为 50 和 100,充分就业预算盈余为多少?

(5) 若投资为 50,政府购买为 250,而充分就业国民收入仍为 1 200,求充分就业预算盈余为多少?

(6) 用本题为例来说明为什么要用充分就业预算盈余而不用预算盈余来衡量财政政策的方向。

五、问答题

57. 宏观经济政策的目标有哪些？分别聚焦何种宏观经济问题？

58. 简述自动稳定器的含义、作用渠道及局限性。

59. 财政政策和央行货币政策的工具分别有哪些？

60. 哪些因素影响财政政策的挤出效应？

61. 结合 $IS-LM$ 模型，解释财政政策对产出发挥作用的传导机制，评述财政政策的作用效果。

62. 结合 *IS* - *LM* 模型,解释货币政策对产出发挥作用的传导机制,评述货币政策的作用效果。

63. 结合 *IS* - *LM* 模型分析为什么在经济不景气时要多用财政政策,而在经济过热时要多用货币政策?

64. 中央银行公开市场业务如何影响均衡利率的变动?

六、综合分析题

65. 你认为对于宏观经济目标而言,稳定经济波动和促进长期经济增长究竟哪个更重要? 这两种目标的达成主要依赖于什么? 宏观政策的协调能否使两个目标同时实现?

66. 考虑到政府财政赤字的途径,及其可能的经济后果,论述:

(1) 什么是财政赤字,政府为了弥补财政赤字,会采取哪几种举债途径?

(2) 为什么发行公债往往会带来通货膨胀?

(3) 同样是为了政府开支融资,让国民上缴税收或购买国债,在国民看来是否相同?

(4) 为什么有些经济学家认为增加税收和发行国债经济效果相同?

(5) 为什么考虑到后代时,二者经济可能不同?

67. 假定经济起初处于充分就业状态,现在政府要改变总需求构成,增加私人投资而减少消费支出,但不改变总需求水平。试结合 IS-LM 模型分析应当采取何种混合政策?

68. 根据 IS-LM 模型说明:为什么凯恩斯主义强调财政政策的作用而货币主义学派强调货币政策的作用。

69. 结合大萧条以来,英美等国的宏观经济政策实践,试述宏观经济理论及政策的演变。

第十六章　经济增长和经济发展

一、单项选择题

1. 经济增长在图形上表现为（　　　）
    A. 生产可能性曲线内的某一点向曲线移动
    B. 整条生产可能性曲线向外移动
    C. 生产可能性曲线外的某一点向曲线移动
    D. 生产可能性曲线上的某一点沿着曲线移动

2. 下列哪一项不影响长期经济增长率？（　　　）
    A. 计划生育政策的制定和实施
    B. 货币供应量的增加
    C. 基础研究领域投入的增加
    D. 外国先进技术的引进

3. 中国的储蓄率一直以来都非常高,同时储蓄率这个因素对经济是有很大影响的,按照新古典经济增长理论,短期内我国由于高储蓄率而达到新的稳态时,最可能导致（　　　）。
    A. 人均产量将以更快的速度增长
    B. 人均产量将比原来高
    C. 人均产量将与原来相同
    D. 以上都正确

4. 根据索洛模型,某国人口增长率的增加,从长期看可能会（　　　）
    A. 增加该国的实际利率
    B. 提高该国人们的生活水平
    C. 增加该国的储蓄率
    D. 促进该国技术进步

5. 如果在某一时期内国民收入增加,但增长率趋于下降,则（　　　）
    A. 净投资持续增加

B. 净投资持续下降

C. 总投资持续增加

D. 重置投资持续下降

6. 当国民收入在乘数和加速数的作用下趋于下降时,如果总投资为零,那么国民收入下降的速度将会(　　)。

　　A. 加快　　　　　　　　　　B. 无影响

　　C. 不能确定　　　　　　　　D. 放慢

7. 新古典经济增长模型的资本黄金律意味着(　　)。

　　A. 稳态总产出增长率等于人口增长率与资本折旧率之和

　　B. 储蓄率等于人口增长率

　　C. 稳态的人均资本存量对应人均消费的最大化

　　D. 储蓄率保证稳态人均收入的最大化

8. 根据新古典经济增长模型,人口增长率的上升(　　)。

　　A. 导致人均资本的稳态水准的提高

　　B. 导致人均资本的稳态水准的降低

　　C. 不影响人均资本的稳态水准

　　D. 导致资本折旧率降低

9. 在新古典增长模型中,当人均资本的边际产品等于下列哪一项时,人均消费将达到极大?(　　)

　　A. $sy/(n+\delta)$　　　　　　B. $sy-(n+\delta)$

　　C. $s-(n+\delta)$　　　　　　D. $n+\delta$

10. 如果中国的生产函数是柯布-道格拉斯形式,资本收入比是 0.3,产出增长速度为每年 3%,折旧率是每年 4%,黄金律的稳态资本产出比为 4.29。那么,为了达到黄金律的稳态,储蓄率必须是(　　)。

　　A. 17.5%　　　　　　　　　B. 25%

　　C. 30%　　　　　　　　　　D. 42.9%

11. 如果产出是 Y,资本是 K,u 是在大学中的劳动力比率,L 是劳动力,E 是知识的存量。生产函数 $Y=F[K,(1-u)EL]$ 的规模报酬不变,那么产出在什么情况下会翻倍?(　　)

　　A. 资本翻倍

　　B. 资本和大学中的劳动力比率翻倍

　　C. 资本和知识存量翻倍

　　D. 劳动力翻倍

12. 内生增长理论与索洛模型最本质的区别在于内生增长理论（   ）。

    A. 肯定了技术变革对经济增长的作用

    B. 抛弃了索洛模型外生技术变革的假设

    C. 将研究与开发作为外生技术变革的主要原因

    D. 以上表述都不正确

13. 如果没有人口增长，人均资本的稳态水平将会上升，只要（   ）。

    A. 人均投资量下降   B. 折旧率上升

    C. 储蓄率上升   D. 以上全部

14. 如果目前的稳态人均资本量低于资本的黄金律水平，并且政府实施了提高储蓄率的政策，人均消费将会（   ）。

    A. 开始下降到初始水平之下，但是最后将上升到初始水平之上

    B. 一直上升到初始水平之上

    C. 开始上升到初始水平之上，然后逐渐回落到初始水平

    D. 一直下降到初始水平之下。

15. 人口增长率的下降与储蓄率的上升一样，会使得（   ）。

    A. 人均收入的稳态增长率上升

    B. 人均收入的稳态水平上升

    C. 人均收入的稳态增长率下降

    D. 人均收入的稳态水平下降

16. 在存在人口增长和技术进步的索洛增长模型中，稳态的每个效率工人的产量的增长率等于（   ）。

    A. 零   B. 技术进步率

    C. 人口增长率加上技术进步率   D. 储蓄率

17. 在索洛增长模型中，生活水平的持续提高是因为（   ）。

    A. 技术进步，引起人均产量的持续增长

    B. 储蓄率高，引起增长率高

    C. 人口增长率高，引起劳动力规模的壮大

    D. 以上全部

18. 如果一个国家的资本存量最初低于资本的黄金律水平，这个国家可以通过下列哪种方式达到黄金律的稳态（   ）。

    A. 提高储蓄率

    B. 降低政府对非投资项目的开支

    C. 对新投资提供税收激励

D. 以上全部

19. 下列哪项可以激励技术进步?(   )

A. 专利制度   B. 对研究和开发的税收激励

C. 政府对研究的补贴   D. 以上全部

20. 内生增长理论意味着(   )。

A. 储蓄和投资增加可以带来持续的增长

B. 如果知识被视作一种资本,资本收益可能不会递减

C. 技术变革率是内生的

D. 以上全部

二、多项选择题

21. 关于经济增长与经济发展之间的关系,下列说法不正确的是(   )。

A. 经济增长与经济发展是同一概念

B. 经济增长过程中必然伴随着经济发展

C. 经济增长不等于经济发展,但经济发展过程中必然存在经济增长

D. 经济增长不等于经济发展,经济发展与经济增长没有关系

22. 决定经济增长的基本因素主要有(   )。

A. 劳动的投入数量   B. 劳动生产率

C. 资本的效率   D. 边际效率

E. 资本的投入数量

23. 索洛余值是(   )。

A. 全要素生产率的变化   B. 投入变化无法解释的产出变化

C. 技术进步常用的衡量指标   D. 以上全不对

三、判断题

24. 根据索洛模型,人口增长率较高的国家将会有较低的稳态人均产量和较低的稳态人均增长率。 (   )

25. 根据索洛经济增长模型,一国人均收入的长期增长主要取决于资本积累速度,即取决于储蓄率。 (   )

26. 根据索洛的新古典增长模型,储蓄率的提高可能导致实际总产出的增长率永久性上升。 (   )

27. 在新古典增长理论框架内,稳定状态意味着

$\Delta Y/Y = \alpha \Delta N/N + \beta \Delta K/K + \Delta A/A$ (Y:产量;N:劳动;K:资本) (   )

28. 根据索洛模型,其他条件相同,储蓄率较高国家的人均收入将高于储蓄率较低国家的人均收入,并且前者的增长率也高于后者。 （　　）

29. 加速数原理的含义是国民生产总值的增加导致资本需求曲线右移。

（　　）

30. 加速数指投资增减会引起收入更大幅度增减。 （　　）

31. 根据索洛的新古典增长模型,储蓄率的提高可能导致实际总产出增长率的永久性上升。 （　　）

32. 在简单的 AK 内生增长模型中,储蓄率不能影响经济的长期增长率,不具有增长效应。 （　　）

33. 美国的资本存量低于黄金律水平,因为净的资本边际产量 $MPK - \delta$ 比长期中人口增长率和技术进步率之和要高。 （　　）

四、计算题

34. 已知资本增长率 $\dfrac{\Delta K}{K} = 3\%$,劳动增长率 $\dfrac{\Delta N}{N} = 2\%$,国民收入增长率 $\dfrac{\Delta Y}{Y} = 4\%$,资本的国民收入份额为 $\beta = 0.4$,在以上给定条件下,技术进步对经济增长的贡献为多少?

35. 一国经济中,资本增长率为 5%,人口增长率为 2%,资本产出弹性为 0.4,劳动的收入份额(或劳动的产出弹性)为 0.6。

（1）求该国经济增长率。

（2）求人均经济增长率。

（3）如果这个国家要保证每年的经济增长率达到 7%,全要素生产率(技术进步率)应该按照多高的速度增长?

36. 假定一个国家的生产函数可以表示为 $Y = AK^\alpha L^{1-\alpha}$，请回答以下问题：

(1) 将该国的 GDP 增长率 $\hat{Y} = \dfrac{dY/dt}{Y}$。 表示为资本增长率、劳动增长率和技术进步率的函数。

(2) A 国和 B 国的统计数据如下表所示，请计算两个国家的技术进步率，并分析和评价两个国家的经济增长方式和增长绩效。

	期初				期末		
	GDP	资本	劳动	利率	GDP	资本	劳动
A 国	100	500	500	0.08	120	600	600
B 国	200	1 000	500	0.06	210	1 100	500

37. 一国国民经济增长率为 5%，其中，资本增长率为 4.2%，劳动增长率为 1.7%，土地增长率为 2.2%，资本收入占国民总收入的比例为 30%，劳动收入占国民总收入的比例为 60%，土地收入占国民总收入的比例为 10%。那么，技术对国民经济增长率的贡献是多少？

38. 假设一个国家的生产函数为柯布-道格拉斯生产函数 $Y = K^{0.25} L^{0.5} H^{0.25}$，其中，$K, L, H$ 是三种投入要素。

（1）证明该国的经济是规模报酬不变的。

（2）求各个要素产出占总产出的份额。

39. 假定 A 国和 B 国的生产函数都是 $Y=F(K,L)=K^{1/2}L^{1/2}$。

（1）试根据上式写出人均生产函数的具体形式。

（2）假定没有一个国家经历了人口增长或技术进步，并且资本折旧率为 5%，再假定 A 国每年储蓄为产出的 10%，而 B 国每年储蓄为产出的 20%。用你对（1）的答案和投资等于折旧的稳态条件，找出每个国家稳态的人均资本水平，再找出稳态的人均收入水平和人均消费水平。

40. 考虑用以下生产函数描述的一个经济: $Y=F(K,L)=K^{0.3}L^{0.7}$,求解:

(1) 人均生产函数是什么?

(2) 假定没有人口增长或技术进步,找出稳定状态的人均资本存量、人均产出以及人均消费(将它们表示为储蓄率 s 和折旧率 δ 的函数)。

(3) 假设在 T_1 期,该经济储蓄率从原来的 s_1 调整到 $s_2 > s_1$,并到 T_2 期经济恢复到新的均衡,请分析从原均衡向新均衡调整的过程中人均资本存量和人均产出的变化过程,并用图形表示人均资本增长率和人均产出的调整路径。

41. 假设在索洛模型中,人均生产函数为 $y=k^{0.5}$,储蓄率为 s,人口增长率 $n=0.005$,折旧率 $\delta=0.035$。

(1) 计算在储蓄率 $s=0.16$ 时的稳态人均资本存量。

(2) 计算在储蓄率提高到 $s=0.41$ 后的稳态人均资本存量,并用图形说明储蓄率的提高对稳态人均资本存量的影响(保留一位小数)。

(3) 计算调整黄金律下的储蓄率。

(4) 以储蓄率 $s=0.16$ 时的稳态为初期,这时人口为 1 000 单位,如果储蓄率提高到 $s=0.41$,计算下一期的总产出和人均资本。结合图形描述总产出和人均资本的动态调整路径。(上海财经大学 2014 年考研)

42. 考虑一个有如下柯布—道格拉斯生产函数的经济：

$$Y = F(K, L) = K^{0.4} L^{0.6}$$

（1）若没有人口增长和技术进步，找出稳定状态的人均资本量、人均产量以及人均消费（作为储蓄率和折旧率的函数）。

（2）若年折旧率为 10%，求出使人均消费最大的储蓄率。（厦门大学 2011 年考研）

43. 在美国,资本在 GDP 中的份额为 30% 左右,产出的平均增长率为每年 3% 左右,折旧率为每年 4%,资本产出比率为 2.5 左右。假设生产函数是 C-D 生产函数,资本在产出中的份额是不变的,而且美国已处于稳定状态。

(1) 在初始稳定状态,储蓄率应该是多少?

(2) 在初始稳定状态,资本的边际产出量是多少?

(3) 假设公共政策提高了储蓄率,从而使经济达到了资本的黄金律水平。在黄金律稳定状态下资本的边际产量将是多少? 比较黄金律稳定状态下和初始稳定状态下的边际产量并解释。

(4) 在黄金律稳定状态下,资本产出比率将是多少?

(5) 要达到黄金律稳定状态,储蓄率必须是多少? (复旦大学 2014 年考研)

五、简答题

44. 在新古典增长模型中，请给出模型稳定状态的条件，并画图说明外生的储蓄率变化对人均收入水平有何影响。

45. 索洛增长模型中，什么因素决定了稳定状态下的人均收入增长率？一国储蓄率的变化如何影响稳定状态下的人均收入水平及其增长率？人口增长率的变化如何影响稳定状态下的人均收入水平？

46. 利用新古典经济增长模型说明不同要素数量和技术进步对经济增长的贡献率。

47. 经济增长表现出哪些一般趋势?

48. 什么是生产率？影响一国生产率的因素有哪些？

49. 政府可以通过哪些方式影响经济的增长率？

50. 技术进步是 20 世纪 90 年代美国在第二次世界大战后持续时间最长的经济增长的根本原因,用 AD - AS 模型分析说明美国在 20 世纪 90 年代的经济增长。

51. 在新古典经济的增长模型中,劳动 L 的增长率为 n,知识 A 的增长率为 g,总产量生产函数为 $Y = F(K, AL)$,F_K' 表示 $\partial F(K, AL)/\partial K$,并假定所有资本收入被储蓄,所有劳动收入被消费,这样存在 $\dot{K} = [\partial F(K, AL)/\partial K]K - \delta K$。

(1) 证明经济收敛于一平衡增长路径,说明这一平衡增长路径的存在性与稳定性。

(2) 处于该平衡增长路径上的 k 是大于、小于还是等于 k 的黄金律水平?

52. 根据新古典增长理论,回答以下问题:

（1）怎样衡量各种投入对增长的贡献？

（2）"转变增长方式"的含义是什么？

（3）怎样转变增长方式？

53. 简述新古典增长理论中全要素生产率的增长率的经济学含义。

54. 在索洛增长模型中,技术进步是如何影响资本积累的稳定状态的?

55. 根据索洛模型,为提高居民生活水平和人均产出增长率,应该提高投资在产出中的比例。你同意这一观点吗? 为什么?

56. 用索洛模型说明储蓄率增长不是经济增长的原因,而技术进步会带来经济增长。

57. 说明内生经济增长理论和新古典经济增长理论的主要区别。

58. 说明经济增长与经济发展的关系。

59. 经济增长的源泉是什么？

60. 什么是新古典增长模型的基本公式？它有什么含义？

六、延伸思考

人工智能与失业：未来将导致 5 亿个工作岗位消失

当前互联网＋、云计算、大数据等新技术层出不穷，人工智能也进入了爆发期，成为新一代科技革命和产业变革的风向标。

在 19 世纪前叶的英国，机械织布机的广泛使用，造成了众多有技术的纺织业者失业。为此，一大批工人誓与机器抗争到底。许多工厂及其中的机器被手摇纺织织工焚毁。技术革命不仅仅是淘汰了纺织工人，一个世纪以前农业工人也曾面临相同的处境。1900 年，近一半的成年人在田地间工作。因为有了拖拉机、联合收割机、作物种植机等各式各样的机械化农具，现今的从业人口中，从事农业的只占 2% 多一点。然后技术的力量延伸到城市，1945 年，当超过 1.5 万名曼哈顿电梯操作工人和维修工人罢工之际，纽约航空公司干脆关门停业。商业整整停顿了一个工作周，纽约城市长不得不强烈呼吁罢工者返回工作岗位。然而如今，跟专业打字员和接线员这类的工作一样，电梯操作工人成为自动化发展的又一个代价。

而今在过去的 30 年中，伴随着数字革命，众多只需要中等技能就能完成的工作,比如说打字员、票务代理、银行出纳员以及许多在生产线上的工作,都遭遇了和当年织布工一样的命运,而这些工作都曾是 20 世纪的中产阶层赖以生存的基础。

工业革命刚开始时机器逐渐地替代体力劳动的工人和骡马,淘汰旧工作,但也创造新岗位。数字革命会不会也创造出新的工作岗位呢?马丁·福特,一位来自硅谷的软件企业家,在其 2009 年出版的《未来之光:自动化、技术发展和未来的经济》(The Lights in the Tunnel)一书中提到,由技术带来的新工种,比如网络程序员、手机销售员、风力涡轮机技师等,只是就业率中极其微小的一部分。

技术确实会催生新的工作,但历史告诉我们,它还能让工作消失,而且相当快!福特指出,超过 5 亿个工作岗位,或多或少都能够由一个运行在计算机上的软件代替。10 年之内,这其中的很多岗位很有可能销声匿迹。

知识型员工的就业浩劫。在此之前,最容易受机器影响的主要是重复性的日常工作。但是,随着处理能力的指数级上升和数字化信息(所谓的"大数据")的日渐普及,计算机完成复杂任务的能力也正在日渐提高。在这种情况下,使用计算机比使用人力更加划算,更加有效。据牛津大学专家的一项最新研究显示,在今后 20 年中,47%的现有工作可能会实现自动化。

现在的情况是,自动化不只对重复性的劳动造成冲击,而是在需要认知能力和创造力的任务中也有不错的表现。计算机辅助自动化、计算机网络、人工智能(包括机器学习、语言翻译、人工语音、图像识别软件)等技术开始使很多工作岗位变得完全过时了。看起来,人工智能威胁到以脑力为生的中产阶级的临界点已经触手可及了,知识型员工现在处在风暴中心。已有的创新——无论是无人驾驶汽车还是具有人工智能的家居产品——可能会"消灭"一大批至今还尚未受到影响的工作。数以千计的银行雇员和旅行社职员被认为毫无用处,接下来的是教师、研究人员和作家。

由于数据分析、商业思考和决策制定软件可提供更有效、更廉价的劳动力,即使专业人士在这场就业浩劫面前也难以幸免。模式识别技术正把大量高薪岗位挤出就业市场。律师事务所使用计算机搜索大量的法律简报和先例。金融公司使用计算机监控新闻提要,并通过他们搜集的信息进行金融决策。医院使用机器人来做微创手术。在辨识欺诈或者诊断疾病方面,由于计算机能对大量的金融或者生物计量数据进行比较,因而它们的判断经常比一大帮会计或者医生所作出的判断还要准确。放射科医生在经历了 13 年的教育培训后,可在美国年入 30 万美元,而他们将首当其冲。不仅是因为肿瘤切片和 X 光片的扫描工作正以 1/10 的成本外包给印度实验室。真正的威胁在于最新的模式识别软件将能以 1/100 的成本完成大部分工作。律师也同样身处险境,因为某些聪明的算法也能够翻查案例,评估现实问题并归纳出结论。机器已证明自己能够胜任司法分析工作,其成本与人力相比不值一提,而且它们通常能比人类做得更彻底。

思考:

(1) 如果将计算机视为一种特殊的生产性资本,那么,它们对资本-劳动比率会产生什么样的影响?

(2) 如果劳动力数量不变,总产量是否会下降?

(3) 实际工资会发生什么样的变化?

参考答案

第九章 宏观经济的基本指标及其衡量

单选题

1. D 2. D 3. C 4. D 5. B 6. C 7. B 8. D 9. A 10. B
11. C 12. B 13. B 14. C 15. B 16. B 17. D 18. C 19. C 20. C
21. B 22. A 23. A 24. B

多选题

25. ABD 26. ABCD 27. AC 28. ABC 29. ABD 30. BC 31. ABC 32. ABC

判断题

33. × 34. × 35. × 36. √ 37. √ 38. √ 39. × 40. × 41. √ 42. ×
43. × 44. √ 45. √ 46. √ 47. × 48. × 49. × 50. × 51. × 52. ×

第十章 国民收入的决定:收入-支出模型

单选题

1. A 2. A 3. C 4. B 5. A 6. A 7. C 8. C 9. B 10. D
11. C 12. B 13. A 14. D 15. C 16. B 17. A 18. D 19. C 20. A
21. D 22. A 23. A 24. A 25. B

多选题

26. AB 27. ACD 28. AC 29. CD 30. ABC 31. ACD 32. ABC

判断题

33. × 34. × 35. √ 36. √ 37. × 38. √ 39. √ 40. × 41. × 42. ×
43. × 44. √ 45. √ 46. × 47. × 48. × 49. × 50. × 51. √ 52. ×
53. × 54. √ 55. √ 56. √ 57. √ 58. √ 59. × 60. √ 61. × 62. ×
63. ×

第十一章 国民收入的决定:IS-LM模型

单选题

1. D 2. A 3. D 4. C 5. D 6. A 7. D 8. B 9. D 10. C

11. A   **12.** A   **13.** A   **14.** B   **15.** C   **16.** A   **17.** C   **18.** C   **19.** A   **20.** B

21. C   **22.** A   **23.** B   **24.** A   **25.** D   **26.** B   **27.** A

多选题

28. AD   **29.** ABC   **30.** ACD   **31.** CD   **32.** ABCD

判断题

33. ×   **34.** ×   **35.** ×   **36.** ×   **37.** √   **38.** ×   **39.** ×   **40.** √   **41.** ×   **42.** ×

43. √   **44.** √   **45.** √   **46.** ×   **47.** ×   **48.** ×   **49.** ×   **50.** ×   **51.** ×   **52.** ×

第十二章　国民收入的决定:$AD-AS$ 模型

单选题

1. C   **2.** D   **3.** D   **4.** A   **5.** C   **6.** C   **7.** B   **8.** C   **9.** D   **10.** B

11. B   **12.** A   **13.** B   **14.** D   **15.** C   **16.** D   **17.** B   **18.** D   **19.** A   **20.** D

21. D   **22.** A   **23.** B   **24.** D   **25.** B

多选题

26. ABCD   **27.** BCD   **28.** ABC   **29.** BCD   **30.** ABD   **31.** ABC   **32.** AC   **33.** CD

34. AB   **35.** ABD   **36.** ABC

判断题

37. ×   **38.** ×   **39.** √   **40.** √   **41.** ×   **42.** √   **43.** ×   **44.** √   **45.** ×   **46.** √

第十三章　失业、通货膨胀和经济周期

单选题

1. B   **2.** A   **3.** D   **4.** C   **5.** B   **6.** C   **7.** B   **8.** A   **9.** A   **10.** B

11. D   **12.** B   **13.** B   **14.** C   **15.** C   **16.** D   **17.** A   **18.** A   **19.** B   **20.** C

21. D   **22.** C   **23.** A   **24.** B   **25.** D   **26.** C   **27.** B   **28.** C   **29.** C   **30.** B

31. A   **32.** D   **33.** D   **34.** D   **35.** B

多选题

36. ABCD   **37.** ABC   **38.** BCD   **39.** ABD   **40.** BCD

判断题

41. √   **42.** ×   **43.** ×   **44.** ×   **45.** ×   **46.** ×   **47.** √   **48.** √   **49.** ×   **50.** √

51. √   **52.** ×   **53.** √   **54.** ×   **55.** ×   **56.** ×   **57.** √   **58.** √   **59.** ×   **60.** √

第十四章　开放条件下的宏观经济

单选题

1. B   **2.** A   **3.** B   **4.** A   **5.** D   **6.** C   **7.** A   **8.** B   **9.** B   **10.** C

11. D   **12.** B   **13.** D   **14.** A   **15.** B   **16.** D   **17.** B   **18.** B   **19.** D   **20.** A

21. D **22.** B **23.** A

多选题

24. ABC **25.** ACD **26.** AD **27.** BC **28.** ABC **29.** AC

判断题

30. √ **31.** × **32.** × **33.** × **34.** √ **35.** √ **36.** × **37.** √ **38.** × **39.** ×

40. √ **41.** × **42.** √ **43.** √ **44.** ×

第十五章　宏观经济政策

单选题

1. B **2.** C **3.** A **4.** A **5.** C **6.** C **7.** D **8.** D **9.** B **10.** B

11. B **12.** C **13.** C **14.** D **15.** C **16.** A **17.** D **18.** D **19.** D **20.** D

21. B **22.** C **23.** B **24.** C **25.** B

多选题

26. AD **27.** ACD **28.** AB **29.** ABCD **30.** CD **31.** ABD **32.** AC **33.** ABC

34. ABC **35.** BD

判断题

36. × **37.** √ **38.** × **39.** √ **40.** × **41.** √ **42.** √ **43.** × **44.** × **45.** √

46. × **47.** √ **48.** × **49.** √ **50.** ×

第十六章　经济增长和经济发展

单选题

1. B **2.** B **3.** B **4.** A **5.** B **6.** D **7.** C **8.** B **9.** D **10.** C

11. C **12.** B **13.** C **14.** A **15.** B **16.** A **17.** A **18.** D **19.** D **20.** D

多选题

21. ABD **22.** ABCE **23.** ABC

判断题

24. × **25.** × **26.** × **27.** √ **28.** × **29.** √ **30.** × **31.** × **32.** × **33.** √